Liebe Kita-Leitungen,

Datenschutz ist wahrscheinlich kein Thema, das Ihnen spontan einfällt, wenn man Sie fragt, was Ihre Arbeit als Kita-Leitung so spannend und interessant macht.

Dennoch ist Datenschutz ein „Pflichtthema" in jeder Kita. Schließlich verarbeiten Sie und Ihre Mitarbeiter im Alltag in Ihrer Einrichtung eine Vielzahl von Daten der bei Ihnen betreuten Kindern. Aber nicht nur von denen. Sie haben auch tiefen Einblick in die Familien und erheben damit auch Daten der Eltern. Und als direkte Vorgesetzte erheben Sie natürlich auch Daten Ihrer Mitarbeiter.

Insofern bleibt Ihnen nichts anderes übrig, als sich mit dem Thema Datenschutz intensiv zu beschäftigen, zumal seit Mai 2018 die EU-Datenschutzgrundverordnung einige wichtige Neuerungen bringt, die Sie unbedingt kennen und beachten sollten.

Auch der Umgang von Eltern und Mitarbeitern mit Smartphone, Internet und sozialen Medien stellt Sie in puncto Datenschutz vor neue Herausforderungen. Denn diese werden auch in Kitas häufig genutzt, unter anderem zum Fotografieren und zum Versenden von Informationen z. B. über WhatsApp. Die Nutzung dieser Technik birgt nicht nur Vorteile, sondern stellt den Nutzer – und damit auch Sie als Kita-Leitung – vor datenschutzrechtliche Herausforderungen, denen sich nur die wenigsten bewusst sind.

In dieser Broschüre erhalten Sie Hinweise, wie Sie den Datenschutz an Ihrer Kita sicher in den Griff bekommen.

Ihre

Judith Barth
Rechtsanwältin & Chefredakteurin

Abkürzung	Volltext
GG	Grundgesetz
Art.	Artikel
BVerfG	Bundesverfassungsgericht
EU-DSGVO	EU-Datenschutzgrundverordnung
Az.	Aktenzeichen
IfSG	Infektionsschutzgesetz
ggf.	gegebenenfalls
RStV	Rundfunkstaatsvertrag
Abs.	Absatz
z. B.	zum Beispiel
EU	Europäische Union
EDV	Elektronische Datenverarbeitung
TMG	Telemediengesetz
TOM	technisch-organisatorische Maßnahmen
BDSG	Bundesdatenschutzgesetz
LDSG	Landesdatenschutzgesetz
SchulG	Schulgesetz
VO	Verordnung
KunstUrhG	Kunsturhebergesetz
UrhG	Urhebergesetz

1. Gesetzliche Grundlagen des Datenschutzes in Kitas

Sie und Ihr Team verarbeiten tagtäglich sensible Daten von Kindern und Eltern. Als Leitung bekommen Sie außerdem zahlreiche persönliche Informationen über Bewerber, Mitarbeiter und ehrenamtliche Helfer. Insofern spielt Datenschutz im Alltag in Ihrer Kita eine wichtige Rolle.

Damit Sie bei diesem schwierigen und sensiblen Thema in Ihrer Kita alles richtig machen, ist es wichtig, dass Sie sich mit den gesetzlichen Grundlagen des Datenschutzes vertraut machen.

Da auch Ihre pädagogischen Fachkräfte mit personenbezogenen Daten von Kindern und deren Familien umgehen, sollten Sie auch Ihr Team über die wichtigsten datenschutzrechtlichen Grundlagen informieren.

1.1 Grundrecht auf informationelle Selbstbestimmung ist der Ausgangspunkt

Datenschutz hat in Deutschland einen hohen Stellenwert. Dies zeigt sich bereits im sogenannten „Volkszählungsurteil" des Bundesverfassungsgerichts aus den 80er Jahren des vergangenen Jahrhunderts. In diesem leitet das Gericht aus dem allgemeinen Persönlichkeitsrecht (Art. 2 Abs. 1 GG) und der Menschenwürde (Art. 1 GG) das Grundrecht auf informationelle Selbstbestimmung ab. Der Schutz der persönlichen Daten hat in Deutschland daher den Stellenwert eines Grundrechts, wie die Wahrung der Menschenwürde, die Religions- oder Berufsfreiheit, und ist damit von Verfassungsrang. Das sollten Sie bei Ihrem Umgang mit personenbezogenen Daten immer im Hinterkopf behalten.

WICHTIGES URTEIL IM ÜBERBLICK

BVerfG, Urteil vom 15.12.1983, Az. 1 BvR 209/83 – Volkszählungsurteil

Das Grundrecht auf informationelle Selbstbestimmung bedeutet konkret:
Jeder Mensch kann selbst über die Preisgabe und Verwendung seiner personenbezogenen Daten entscheiden.

Das heißt: Jede Erhebung, Speicherung, Weitergabe und sonstige Nutzung von personenbezogenen Daten ist ein Eingriff in dieses Grundrecht. Daher gilt das sogenannte Verbotsprinzip mit Erlaubnisvorbehalt:

Danach ist alles verboten, was nicht ausdrücklich erlaubt ist.

Die Erlaubnis kann sich entweder aus dem Gesetz, aus einem Vertrag, z. B. dem Betreuungsvertrag, oder aus der Einwilligung des Betroffenen bzw. dessen gesetzlichen Vertreters ergeben. Dies ergibt sich aus Art. 6 EU-DSGVO.

Grundrecht auf informationelle Selbstbestimmung

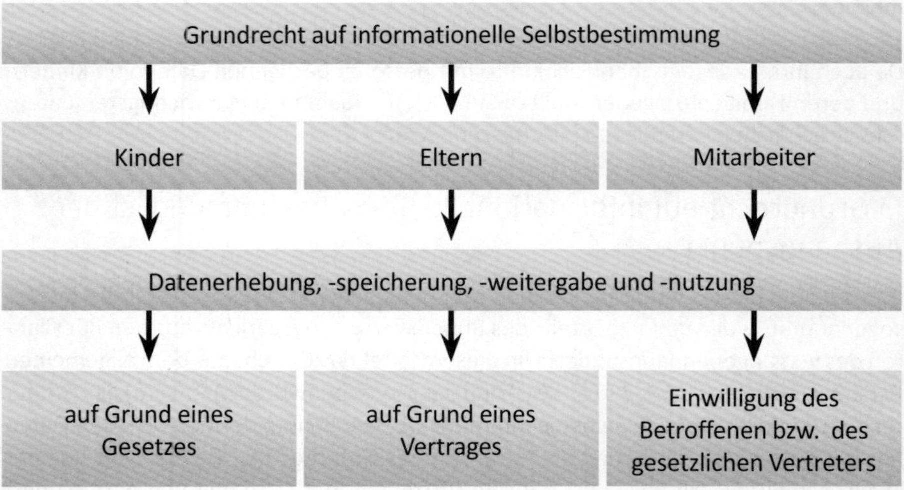

1.2 Rechtsgrundlagen für den Datenschutz

Das Grundrecht auf informationelle Selbstbestimmung findet sich auch in Art. 8 der EU-Grundrechts-Charta auf europäischer Ebene wieder. Diese Grundrechte bilden die Grundlage für verschiedene datenschutzrechtliche Bestimmungen, die diese Grundrechte näher ausführen. Dies sind:

- EU-Datenschutzgrundverordnung (EU-DSGVO)
- Bundesdatenschutzgesetz (neu) -> für Kitas in freier Trägerschaft, z. B. Elterninitiativen

- Datenschutzgesetze der Bundesländer (neu) -> für alle kommunalen Kitas
- Datenschutzgesetze & Bestimmungen der evangelischen und katholischen Kirche
- Kita-Gesetz Ihres Bundeslandes und die zugehörigen Verordnungen
- TVöD (sofern dieser in Ihrer Kita Anwendung findet)

1.2.1 EU-Datenschutzgrundverordnung & deutsche Datenschutzgesetze

Seit dem 25.05.2018 gilt nach einer zweijährigen Übergangsfrist europaweit die Europäische Datenschutzgrundverordnung (EU-DSGVO). Diese ist bereits am 25.05.2016 in Kraft getreten. Am 25.05.2018 endete die Übergangs- und Einführungsphase. Damit finden diese neuen Bestimmungen ab diesem Datum in Deutschland unmittelbar Anwendung.

Ein Ziel dieser – hart umkämpften – Verordnung ist es, ein EU-weit gleichwertiges Schutzniveau für die Rechte und Freiheiten von natürlichen Personen bei der Verarbeitung von personenbezogenen Daten zu erreichen. Da das datenschutzrechtliche Niveau in Deutschland im europäischen Vergleich recht hoch war, sind die Neuerungen, die sich aus der EU-DSGVO ergeben, nicht so dramatisch, wie in anderen europäischen Staaten.

Die EU-DSGVO wird durch das neu gefasste Bundesdatenschutzgesetz und die – ebenfalls neu gefassten – Datenschutzgesetze der Bundesländer ergänzt. Die Änderungen in diesen Gesetzen traten ebenfalls ab dem 25.05.2018 in Kraft.

Da Kitas grundsätzlich Ländersache sind, unterliegt der Datenschutz in erster Linie dem Landesdatenschutzgesetz und den Kita-Gesetzen Ihres Bundeslandes. Dies gilt jedenfalls für kommunale Kitas. Denn diese gelten als sogenannte „öffentliche Stellen", die Daten verarbeiten.

Etwas anderes gilt für Kitas in privater freier Trägerschaft, z. B. für Elterninitiativen. Da diese keine öffentlichen Stellen im Sinne der Landesdatenschutzgesetze sind, findet für solche Kitas das BDSG Anwendung.

Für Kitas in kirchlicher Trägerschaft gelten die datenschutzrechtlichen Bestimmungen der evangelischen und katholischen Kirche.

Achtung! Auch wenn die evangelische und die katholische Kirche in Deutschland und ihre Organisationen den Datenschutz selbst regeln dürfen, ist für sie dennoch das EU-Recht maßgeblich. Das hat zur Konsequenz, dass die Kirchen in Deutschland ihr kirchliches Datenschutzrecht an die Vorgaben der EU-DSGVO anpassen müssen.

Datenschutzrechtliche Grundlagen in der Kita

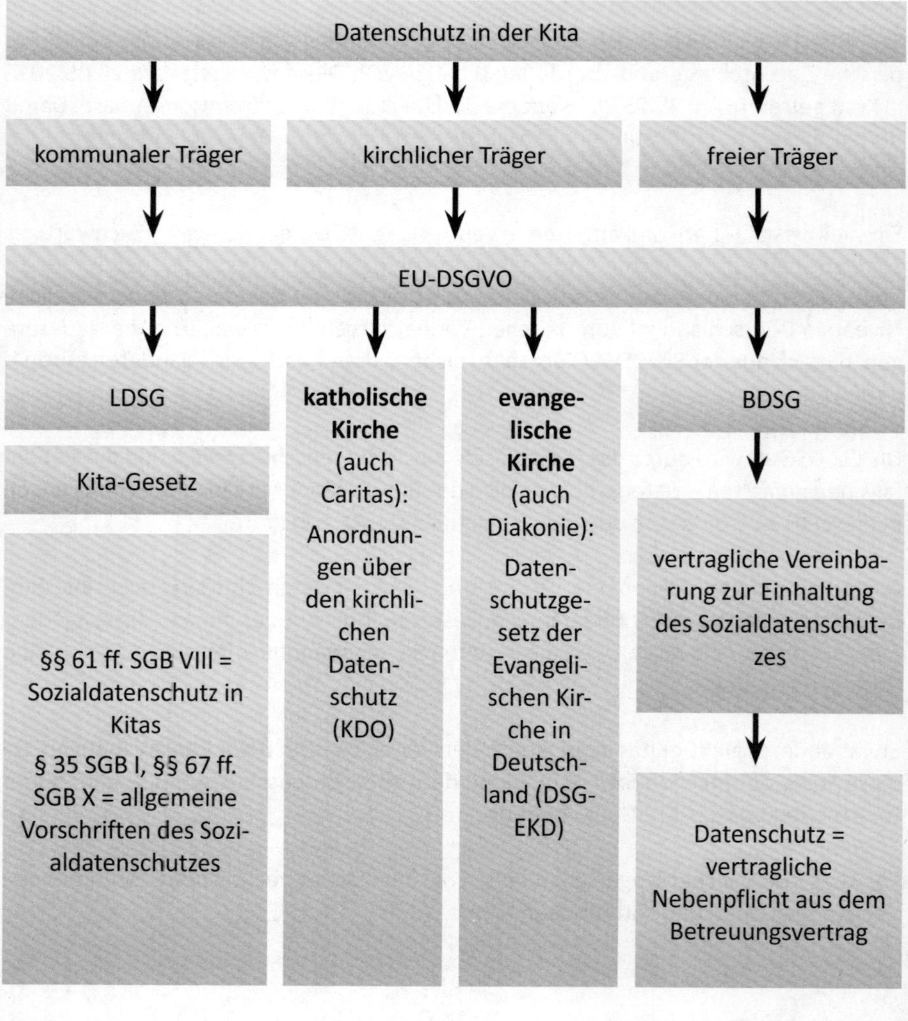

1.2.2 Diese Personenkreise haben ein Recht auf Datenschutz

Kinder haben Recht auf Schutz ihrer Daten

Alle Kinder, die in Ihrer Kita betreut werden, haben ein Recht darauf, dass ihre persönlichen Daten, die Sie und Ihre Mitarbeiter in der Kita verarbeiten, geschützt werden. Die Erziehungsberechtigten, in der Regel die Eltern, nehmen die sich aus den datenschutzrechtlichen Bestimmungen ergebenden Rechte treuhänderisch für ihr Kind wahr. Sie sind also für Sie und Ihre Mitarbeiter Ansprechpartner für alle datenschutzrelevanten Fragen rund um das Kind.

EU-DATENSCHUTZGRUNDVERORDNUNG

§ Aus der EU-DSGVO ergibt sich, dass Kinder und Jugendliche erst ab einem Alter von 16 Jahren wirksam eine Einwilligung zur Datenverarbeitung abgeben können. Das heißt: Im Kita-Bereich und auch in OGS und Hort müssen Sie bei datenschutzrelevanten Vorgängen immer die Eltern kontaktieren und ggf. deren Einwilligung einholen, wenn Sie nicht bereits aufgrund gesetzlicher Bestimmungen oder des Betreuungsvertrages zur Verarbeitung von Daten berechtigt sind.

Datenschutz gilt auch für Eltern

Sie erheben im Alltag in Ihrer Kita auch Daten über die Eltern der bei Ihnen betreuten Kinder. So erfragen Sie z. B., wie die Eltern telefonisch zu erreichen sind, wenn dem Kind in der Kita etwas passiert. Die Kinder erzählen aber auch viel von ihren Erlebnissen zu Hause, sodass Sie tiefe Einblicke in das Familienleben erhalten, häufig ohne dass die Eltern dies ahnen.

Die Eltern der in Ihrer Kita betreuten Kinder haben einen eigenen Anspruch darauf, dass im Hinblick auf die über sie verarbeiteten Daten von Ihnen und Ihren Mitarbeitern die datenschutzrechtlichen Vorgaben eingehalten werden.

Mitarbeiter, ehrenamtliche Helfer und Bewerber genießen Datenschutz

Sie als Leitung, Ihre Mitarbeiter, Ihre ehrenamtlichen Helfer und Bewerber haben ebenfalls einen Anspruch darauf, dass ihre persönlichen Daten durch Ihren Träger sensibel behandelt und geschützt werden.

1.2.3 Diese Informationen unterliegen dem Datenschutz

Damit Sie die datenschutzrechtlichen Bestimmungen richtig umsetzen können, ist es wichtig, dass Sie wissen, welche Informationen überhaupt dem Datenschutz unterliegen.

PRAXISBEISPIEL

Rosalia ist 3 Jahre alt. Sie wurde von ihren Eltern aus einem afrikanischen Land adoptiert und soll ab dem Sommer die Kita „Sonnenstrahl" besuchen. Bei dem Anmeldegespräch offenbart die Mutter der Kita-Leitung, dass Rosalia HIV-positiv ist. Die Kita-Leitung überlegt, ob sie diese Information an ihr Team und an die Eltern weitergeben darf.

Alle personenbezogenen Daten unterliegen den datenschutzrechtlichen Bestimmungen. Unter personenbezogenen Daten versteht man alle Informationen, die sich auf die persönlichen und sachlichen Verhältnisse einer natürlichen Person beziehen. Beim Schutz dieser Daten wird nicht unterschieden, ob diese Informationen für den Betroffenen besonders sensibel sind oder nicht.

Hintergrund: Beim Datenschutz geht es darum, das Persönlichkeitsrecht des Betroffenen zu schützen. Teil dieses Rechts ist es, selbst darüber zu entscheiden, welche Informationen über die eigene Person welchem Personenkreis offenbart werden, an wen sie weitergeleitet, wo und wie sie gespeichert werden.

Beispiele für personenbezogene Daten, die Sie im Kita-Alltag regelmäßig erheben, sind:

- Name des Kindes
- Geburtsdatum
- Geburtsort/Nationalität
- Familiensprache
- Namen der Eltern
- Familienstand der Eltern/Sorgerecht
- Anschrift der Familie
- Telefonnummer der Eltern
- Gesundheitsinformationen über das Kind

Unter Datenverarbeitung versteht man nach Art. 4 Nr. 2 EU-DSGVO
- das Erheben,
- das Erfassen,
- die Organisation,
- das Ordnen,
- die Speicherung,
- die Anpassung oder Veränderung,
- das Auslegen,
- das Abfragen,
- die Verwendung,
- die Offenlegung durch Übermittlung,
- die Verbreitung oder eine andere Form der Bereitstellung,
- den Abgleich oder die Verknüpfung,
- die Einschränkung,
- das Löschen oder die Vernichtung
- von personenbezogenen Daten.

Eine Datenverarbeitung von personenbezogenen Daten ist zulässig, wenn es hierfür eine gesetzliche Ermächtigungsgrundlage gibt.

Fehlt eine solche Ermächtigungsgrundlage, dürfen Sie personenbezogene Daten dann verarbeiten, wenn
- es eine vertragliche Grundlage für die Datenerhebung gibt, z. B. im Betreuungsvertrag;
- der Betroffene bzw. die Erziehungsberechtigten, dem im Vorfeld der Datenverarbeitung zustimmen.

Im Beispiel heißt das: Die Mutter musste der Kita-Leitung die Information, dass ihre Tochter HIV-positiv ist, nicht offenbaren. Denn bei HIV handelt es sich nicht um eine meldepflichtige Krankheit im Sinne des IfSG. Eine gesetzliche Grundlage, aufgrund derer die Kita-Leitung diese Information an das Team oder an die Eltern weitergeben dürfte, gibt es nicht.

Eine Weitergabe dieser Information an das Kita-Team und die anderen Eltern wäre also nur in Ordnung, wenn die Eltern von Rosalia dem zustimmen würden. Dies sollte mit ihnen besprochen, die Vor- und Nachteile genau abgewogen und die Einwilligung beider Eltern schriftlich eingeholt werden.

Datenschutz gilt auch für personenbeziehbare Daten

Der Datenschutz gilt auch für personenbeziehbare Daten. Diese müssen genauso sensibel behandelt werden, wie personenbezogene Daten.

Daten sind immer dann personenbeziehbar, wenn sich aufgrund der Gesamtsituation ein Bezug zu einer bestimmten Person herstellen lässt, ohne dass der Name dieser Person genannt wird, sie also identifizierbar ist. Das wäre im obige Beispiel anzunehmen, wenn die Kita-Leitung sich gegenüber Eltern dahingehend äußern würde, dass ein dunkelhäutiges Kind in der Kita HIV-positiv ist. Ist Rosalia das einzige Kind mit dunkler Haut, wäre ein Bezug zu ihr für jeden problemlos möglich.

Kein Datenschutz für anonymisierte oder pseudonymisierte Daten

Die datenschutzrechtlichen Bestimmungen gelten **nicht** für anonymisierte oder pseudonymisierte Daten. Können Sie Daten so verändern, dass ein Rückschluss auf die persönlichen Verhältnisse einer bestimmten Person nicht möglich ist, dürfen Sie diese Daten ohne Beschränkungen verarbeiten.

Dies gilt z. B. für die Belegungszahlen, die Sie als Kita-Leitung regelmäßig an das für Ihre Kita zuständige Jugendamt weitergeben müssen. Die hier weitergegebenen Daten unterliegen nicht dem Datenschutz, da diese anonymisiert sind und keinen Rückschluss auf einzelne Kinder oder deren Familien zulassen.

1.2.4 Diese datenschutzrechtlichen Grundsätze gelten im Kita-Alltag

Beim Umgang mit personenbezogenen Daten müssen Sie immer die folgenden Grundsätze beachten. Diese geben Ihnen als Kita-Leitung Orientierung zum rechtlich einwandfreien Umgang mit personenbezogenen Daten im Kita-Alltag.

Datenschutzrechtliche Grundsätze für Kitas nach der EU-DSGVO

Grundsatz	Was heißt das konkret?	Beispiel
Datenerhebung nur mit Einwilligung des Betroffenen oder wenn es eine gesetzliche Ermächtigungsgrundlage oder eine vertragliche Vereinbarung gibt.	Daten von Kindern und Eltern dürfen Sie nur erheben, wenn diese einwilligen, es eine vertragliche Einigung gibt oder Sie gesetzlich zur Datenerhebung ermächtigt sind.	Sie holen die Genehmigung der Eltern dazu ein, dass ihr Kind in der Kita fotografiert wird (Einwilligung). Sie melden den Namen eines an Windpocken erkrankten Kindes dem Gesundheitsamt, weil dies gesetzlich vorgeschrieben ist (§ 34 Infektionsschutzgesetz).
Datenminimierung	Sie dürfen nur Daten erheben, die Sie für die Betreuung des Kindes und für die Abwicklung des Betreuungsvertrags benötigen.	Informationen über den Beruf der Eltern benötigen Sie nicht, um das Kind zu betreuen.
Zweckbindung	Sie dürfen die Daten nur zu dem Zweck benutzen, für den Sie sie erhoben haben.	Sie dürfen die Adressdaten der Eltern nicht ohne deren Einwilligung auf einer Adressliste zusammenfassen und an alle Eltern verteilen.
Datenrichtigkeit	Sie müssen die Daten inhaltlich richtig erfassen und aktuell halten.	Fragen Sie regelmäßig bei den Eltern nach, ob die Notfall-Nummern noch aktuell sind.
Recht auf Auskunft und Einsicht	Eltern haben das Recht auf Auskunft über die über sie und ihr Kind durch die Kita verarbeiteten Daten.	Eltern dürfen die Akte ihres Kindes und auch dessen Portfolio einsehen.
Datensicherheit	Sie müssen durch technische Einrichtungen darauf achten, dass die von Ihnen gespeicherten Daten vor dem unbefugten Zugriff Dritter geschützt sind.	Sichern Sie Ihre IT-Anlage vor dem unbefugten Zugriff Dritter. Sprechen Sie hierüber mit Ihrem Systembetreuer und Ihrem Träger und rüsten Sie nach, wenn notwendig.

Grundsatz	Was heißt das konkret?	Beispiel
Recht auf „Vergessen-werden“	Die Eltern können von Ihnen verlangen, ihre Daten zu löschen. Diesem Wunsch müssen Sie nachkommen, wenn die gesetzlichen Aufbewahrungsfristen abgelaufen sind.	Geben Sie den Eltern nach Beendigung des Betreuungsvertrags die Bildungsdokumentation ihres Kindes mit. Sie benötigen sie nicht mehr und die Eltern können entscheiden, was sie damit tun.
Recht auf Datenübertragung	Eltern haben das Recht, die von Ihnen verarbeiteten Daten „mitzunehmen“.	Wollen Eltern die Kita wechseln, können sie verlangen, dass sie die Daten des Kindes in geeigneter Form, z. B. als PDF auf DVD gebrannt, ausgehändigt bekommen.
Rechenschaftspflicht	Auf Aufforderungen müssen Sie der Datenschutzbehörde nachweisen, dass Sie die Vorgaben des Datenschutzes einhalten.	Dokumentieren Sie die Einhaltung der datenschutzrechtlichen Vorgaben, damit Sie im Zweifel etwas in der Hand haben.
Pflicht zur Information über Datenlecks	Kommt es zu einem Datenleck, müssen Sie die Betroffenen und die Aufsichtsbehörde informieren.	Wurde Ihr Computer gehackt und besteht die Gefahr, dass z. B. Kontodaten der Eltern abhandenkommen, müssen Sie die Betroffenen und die Aufsichtsbehörde innerhalb von 72 Stunden informieren.

EU-DATENSCHUTZGRUNDVERORDNUNG

§

Diese Rechte haben Kinder, Eltern und Mitarbeiter

Nach der EU-DSGVO können die bei Ihnen betreuten Kinder, Eltern und Mitarbeiter in Sachen Datenschutz die folgenden Ansprüche geltend machen.

Recht auf Information über die verarbeiteten Daten

Sie müssen Kindern, Eltern und Mitarbeitern mitteilen, welche Daten durch wen wofür erhoben und verarbeitet werden, an wen Sie diese weitergeben und wer der Datenschutzbeauftragte für Ihre Kita ist.

Sinnvoll ist es, wenn Sie Eltern und Mitarbeiter in einem Datenschutzinformationsblatt hierüber informieren. Ein Muster hierfür finden Sie auf Seite 26 dieser Broschüre.

➜

§

Recht auf Auskunft über die erhobenen Daten

Kinder, Eltern und Mitarbeiter können verlangen, zu erfahren, welche Daten Sie von ihnen gespeichert haben. Dazu müssen die Betroffenen einen Antrag stellen. Dieser muss nicht begründet werden.

Recht auf Berichtigung

Haben Sie falsche Daten gespeichert, kann der Betroffene verlangen, dass diese korrigiert werden.

Recht auf Löschung und „Vergessen"

Sie sind verpflichtet, Daten, die Sie nicht mehr benötigen, zu löschen. Hierfür sollten Sie mit Ihrem Träger verbindlich klären, wann welche Daten vernichtet werden können. Die Betroffenen können grundsätzlich die Löschung ihrer Daten verlangen. Dem müssen Sie jedoch nicht folgen, wenn dem eine gesetzliche Aufbewahrungsfrist entgegensteht und diese noch nicht abgelaufen ist. Der Löschungsanspruch gilt also im Grundsatz nur für Daten, die die Betroffenen Ihnen auf Grundlage einer freiwilligen Einwilligungserklärung offenbart haben.

Recht auf Einschränkung der Verarbeitung

Die Betroffenen können von Ihnen die Einschränkung der Datenverarbeitung verlangen, wenn

- die Richtigkeit der Daten vom Betroffenen bestritten wird,
- die Verarbeitung unrechtmäßig ist oder
- sich der Zweck der Verarbeitung erledigt hat, die Daten aber zur Geltendmachung von Rechtsansprüchen des Betroffenen notwendig sind.

Recht auf Mitteilung einer Berichtigung

Sie sind verpflichtet, den Betroffenen zu informieren, wenn Sie personenbezogene Daten, die Sie verarbeitet haben, korrigieren, z. B. weil Ihnen bei der Verarbeitung ein Fehler unterlaufen ist.

Recht auf Übertragung

Eltern und Mitarbeiter können verlangen, dass Sie ihnen ihre gespeicherten Daten in geeigneter Form zur Verfügung stellen, z. B. als PDF oder als Ausdruck. Sie dürfen diese dann „mitnehmen", z. B. bei einem Wechsel der Kita oder des Arbeitgebers.

Recht auf Widerspruch

Eltern und Mitarbeiter können die Nutzung ihrer Daten jederzeit für die Zukunft untersagen. Dies gilt jedenfalls dann, wenn die Datenerhebung freiwillig und nicht aufgrund einer gesetzlichen Regelung erfolgt.

1.2.5 Recht auf Auskunft und Akteneinsicht

Aus dem Grundrecht auf informationelle Selbstbestimmung und seit Mai 2018 unmittelbar aus Art. 15 EU-DSGVO ergibt sich ein Auskunftsanspruch der von der Datenverarbeitung Betroffenen.

Das heißt: Die Eltern können sich bei Ihnen informieren, welche Daten über sie und ihr Kind in der Kita gespeichert werden. Die Eltern nehmen grundsätzlich dieses Auskunftsrecht für ihre Kinder wahr. Aus dem Auskunftsanspruch ergibt sich auch ein Anspruch auf Einsicht in die von Ihnen verarbeiteten Daten.

Die Eltern können daher Folgendes von Ihnen verlangen:
- Einsicht in die Akten ihres Kindes
- Kopie der Kinderakte bei Übernahme
- Herausgabe der Bildungsdokumentation und des Portfolios des Kindes (soweit vorhanden) mit Beendigung des Betreuungsvertrags
- Mitteilung, an welche Stellen Informationen über das Kind weitergegeben wurden
- Für die Akteneinsicht ist es unerheblich, ob Sie die Daten digital oder analog verarbeiten und in welcher Form Sie die Informationen über das Kind aufbewahren. Sie müssen den Eltern daher ggf. auch Einsicht in Daten gewähren, die Sie im Computer gespeichert haben. Hier können die Eltern Ausdrucke der gespeicherten Informationen verlangen.

Das Recht auf Akteneinsicht gilt allerdings nicht uneingeschränkt. Sie können den Eltern die Einsicht in Unterlagen verweigern, wenn diese mit den Daten Dritter so verbunden sind, dass diese sich nicht oder nur mit unverhältnismäßig hohem Aufwand trennen lassen.

Sie können dann die Einsichtnahme verweigern, wenn durch die Akteneinsicht der Eltern die Rechte der anderen Personen verletzt würden. So haben Eltern z. B. keinen Anspruch darauf, sich Ihr Gruppentagebuch anzusehen. Denn darin finden sich Informationen über alle Kinder der Gruppe. Diese gehen die Eltern nichts an.

Die Eltern haben, während der Betreuungsvertrag läuft, keinen Anspruch darauf, die Akten ihres Kindes mit nach Hause zu nehmen. Dies sollten Sie – auch bei bestem Einvernehmen mit den Eltern – nicht zulassen, denn Sie könnten böse überrascht werden, was Sie zurückbekommen.

Auskunftsrechte getrennt lebender Eltern

Wenn Eltern sich trennen, ist die Situation für das betroffene Kind häufig schwierig und belastend. Familiäre Konflikte haben häufig auch datenschutzrechtliche Aspekte.

Grundsätzlich gilt Folgendes: Sind oder waren die Eltern miteinander verheiratet, leben aber getrennt, haben beide das gemeinsame Sorgerecht, und zwar solange, bis das Familiengericht eine anderslautende Entscheidung trifft.

Das heißt, dass beide Eltern, unabhängig von einer Trennung oder Scheidung, gegenüber der Kita ein Auskunftsrecht haben. Sie sind also verpflichtet, beide Elternteile über die Entwicklung ihres Kindes zu informieren und ihnen Einsicht in die Akte des Kindes zu gewähren.

Dies gilt so lange, bis Ihnen ein Elternteil einen Beschluss des Familiengerichts vorlegt, aus dem sich ergibt, dass das Sorgerecht einem Elternteil allein zugesprochen wurde oder die Informationsrechte eines Elternteils eingeschränkt wurden. Dann haben Sie sich an die Entscheidung des Familiengerichts zu halten und dürfen dem ausgeschlossenen Elternteil keine Auskunft mehr geben. Dies kommt aber nur in Ausnahmefällen vor. In der Regel bleibt es beim gemeinsamen Sorgerecht.

Sie dürfen daher, solange Ihnen von Elternseite nichts Gegenteiliges mitgeteilt und – durch Vorlage der gerichtlichen Entscheidung – nachgewiesen wird, darauf vertrauen, dass das gemeinsame Sorgerecht weiterhin besteht. Denn dies ist der gesetzliche Regelfall. Ändert sich etwas an der sorgerechtlichen Situation, können Sie sicher sein, dass der Elternteil, der nunmehr allein sorgeberechtigt ist, Ihnen das umgehend mitteilt.

Achtung! Die Frage ist natürlich immer, wie weit die Auskunftspflicht gegenüber den Eltern geht. So dürfen Sie die Eltern selbstverständlich über die Entwicklung und das Verhalten des Kindes unterrichten.

Zurückhalten sollten Sie sich aber bei Einschätzungen gegenüber Eltern und z. B. Anwälten, wie das Kind die Trennungssituation der Eltern verkraftet, wie die Beziehung zu den Eltern ist und wie Sie das häusliche Umfeld des Kindes einschätzen. Denn hierzu können Sie in der Regel nur Mutmaßungen anstellen.

Sind und waren die Eltern nicht miteinander verheiratet, hat grundsätzlich die Mutter das alleinige Sorgerecht. Auskunftsansprüche des leiblichen Vaters gegenüber der Kita bestehen nur, wenn

- er eine sogenannte Sorgeerklärung vorlegen kann, aus der sich ergibt, dass er das Sorgerecht gemeinsam mit der Mutter des Kindes ausübt;
- er ein Urteil bzw. einen Beschluss des Familiengerichts vorlegen kann, aus dem sich ergibt, dass der Vater das Sorgerecht mit der Mutter gemeinsam ausübt.

Melden ledige Mütter ihr Kind bei Ihnen an, sollten Sie gezielt nach der sorgerechtlichen Situation fragen. Dann muss die Mutter Ihnen mitteilen, wenn der Vater des Kindes auch sorgeberechtigt ist. Dann sollten Sie sich entweder die Sorgeerklärung oder die gerichtliche Entscheidung zeigen lassen und dies in der Akte des Kindes vermerken.

WICHTIGER HINWEIS

Datenschutzrechtliche Fragen sind Entscheidungen, die von grundsätzlicher Bedeutung für ein Kind sind. Deshalb müssen Sie darauf achten, dass Einwilligungserklärungen, die sich auf datenschutzrechtliche Fragen beziehen, immer von beiden Elternteilen unterschrieben werden, soweit diese das gemeinsame Sorgerecht haben. Hierauf sollten Sie immer, insbesondere aber bei getrennt lebenden und geschiedenen Eltern achten.

1.3 Verantwortung der Kita-Leitung für den Datenschutz

Die Umsetzung der datenschutzrechtlichen Vorschriften ist in erster Linie einmal Trägersache. Er muss die Rahmenbedingungen schaffen, damit Sie und Ihre Mitarbeiter personenbezogenen Daten einwandfrei verarbeiten können. Das heißt insbesondere, dass er

- Sie und Ihr Team informieren muss, was in Sachen Datenschutz von Ihnen konkret erwartet wird;
- Ihre Kita mit Sachmitteln ausstattet, die Ihnen die ordnungsgemäße Umsetzung der datenschutzrechtlichen Vorgaben ermöglichen;
- Sie bei der Umsetzung der datenschutzrechtlichen Vorgaben aktiv unterstützt, z. B. durch Einsetzung eines Datenschutzbeauftragten.
- Im Kita-Alltag ist es Ihre Aufgabe als Kita-Leitung, darauf zu achten, dass Sie und Ihre Mitarbeiter sich entsprechend den Anweisungen Ihres Trägers und entsprechend den gesetzlichen Vorgaben datenschutzrechtlich einwandfrei verhalten.

Das heißt: Im Kita-Alltag sind Sie und Ihr Team in der Verantwortung. Denn Sie müssen im Einzelfall entscheiden, wie Sie mit Daten und Informationen umgehen.

1.4 Aufgaben, Pflichten & Rechte des Datenschutzbeauftragten in Kitas

Als Kita-Leitung tragen Sie die Gesamtverantwortung für die Abläufe und die Verwaltungsvorgänge in Ihrer Kita. Sie sind daher auch dafür verantwortlich, dass die datenschutzrechtlichen Vorgaben eingehalten werden.

Unterstützt werden Sie hierbei vom Datenschutzbeauftragten Ihrer Kita. Diesen muss Ihr Träger benennen, wenn in Ihrer Kita mehr als 9 Personen mit der automatisierten Verarbeitung von personenbezogenen Daten befasst sind.

Der Datenschutzbeauftragte hat grundsätzlich die folgenden Aufgaben:

- Überwachung und Sicherstellung der Einhaltung der datenschutzrechtlichen Vorgaben
- Auskunftserteilung über den Datenumgang der Kita nach außen, z. B. bei Kontrollen durch die Aufsichtsbehörden
- Mitwirkung beim Einführen neuer datenschutzrechtlich relevanter Verfahren
- Beratung des Trägers und der Kita-Leitung in Fragen des Datenschutzes
- Bearbeitung von Anliegen von Betroffenen, z. B. Erteilung von Auskünften, Berichtigung von Daten
- Meldung und Krisenmanagement bei Datenverlusten
- Sensibilisierung und Schulung des Kita-Teams im Datenschutz

Diese Befugnisse hat ein Datenschutzbeauftragter:

- weisungsfreie Ausübung seiner Tätigkeit
- berichtet direkt an Sie bzw. an den Träger
- ungehindertes Kontroll- und Zugangsrecht zu allen datenschutzrelevanten Anlagen und Einrichtungen in der Kita
- Anspruch auf Freistellung und Weiterbildung
- keine Benachteiligung aufgrund seiner Funktion
- besonderer Kündigungsschutz, während er die Position des Datenschutzbeauftragten innehat und noch ein Jahr danach
- Berechtigung bei Verstößen oder bei Beratungsbedarf, die Aufsichtsbehörde einzuschalten

Meine Empfehlung: Nehmen Sie die Unterstützung des Datenschutzbeauftragten aktiv in Anspruch

Datenschutz in Kitas ist ein wichtiges und kompliziertes Thema, das Sie als Kita-Leitung mit vielen zusätzlichen Aufgaben und Verantwortlichkeiten belastet. Nehmen Sie daher den Datenschutzbeauftragten, wenn Ihr Träger einen solchen stellt, zu Ihrer Unterstützung aktiv in Anspruch und suchen Sie hier kompetente Beratung in diesem komplexen Themenfeld. Der Datenschutzbeauftragte in Kitas hat insbesondere die Aufgabe, Sie und Ihre Kollegen in Sachen Datenschutz zu sensibilisieren, zu beraten und fortzubilden.

Der Datenschutzbeauftragte kann aus den Reihen Ihres Teams kommen, wenn er das notwendige Fachwissen hat und sich regelmäßig fortbildet. Kollegen, die bereit sind, sich intensiv mit dem Thema „Datenschutz" zu beschäftigen und an den entsprechenden Fortbildungen teilzunehmen, sind in Kitas eher selten zu finden. Gibt es in Ihrer Kita bzw. bei Ihrem Träger niemand, der hierzu bereit ist, sollten Sie gemeinsam mit Ihrem Träger über das Engagement eines externen Datenschutzbeauftragten nachdenken.

Diese Dienstleister nehmen dann die Aufgaben des Datenschutzbeauftragten gegen ein Entgelt wahr und beraten Sie und Ihre Kollegen, wie Sie den Datenschutz in Ihrer Kita optimieren können.

1.5 Verarbeitungsverzeichnis

Vor Inkrafttreten der EU-DSGVO mussten Sie ein so genanntes Verfahrensverzeichnis erstellen, aus dem sich ablesen ließ, wie mit den erhobenen personenbezogenen Daten in Ihrer Kita umgegangen wurde. Mit der EU-DSGVO wird dieses Verfahrensverzeichnis durch ein sogenanntes **Verzeichnis von Verarbeitungstätigkeiten** ersetzt.

Nach Art. 30 EU-DSGVO sollen mit dem sogenannten Verarbeitungsverzeichnis alle Prozesse im Zusammenhang mit der Verarbeitung personenbezogener Daten dokumentiert werden. Bei Beschwerden müssen Sie den Aufsichtsbehörden dieses Verzeichnis vorlegen können. Ein Beispiel für ein Verarbeitungsverzeichnis für Kitas finden Sie hier.

BEISPIEL

Verarbeitungsverzeichnis für Kitas	
Verarbeitungsverzeichnis nach § 30 EU-DGSVO	
Angaben zum Verantwortlichen	
Name	Kita Sonnenschein
Kontakt	Johanna Schubert (Kita-Leitung)
Adresse	Sonnenstraße 19, Neuberg
Telefon	02156 – 6548931
E-Mail:	info@kita-sonnenschein.de
Angaben zum Datenschutzbeauftragten	
Name	Norbert Schneider
Adresse	Neusteiner Straße 17, 12345 Neuburg
Telefon	02156 – 965832
E-Mail	n.schneider@neuburg.de
Bezeichnung der Verarbeitungstätigkeit	
Datum der Erstellung: 05.05.2018	**Letzte Änderung: 18.05.2018**
Verantwortliche Fachabteilung	Kita-Leitung
Ansprechpartner	Johanna Schubert
Bezeichnung der Verarbeitungstätigkeit	Erfassung der Kinderdaten bei Aufnahme
Zweck der Verarbeitung	• Erfassung der Kinderdaten zur Erfüllung der gesetzlichen Pflichten • Erfassung der Kinderdaten zur ordnungsgemäßen Durchführung des Betreuungsvertrags • Erfassung der Kontaktdaten der Eltern, um Informationspflichten zu erfüllen/Kontaktaufnahme in Notfällen
Beschreibung der Kategorien betroffener Personen	• Kinder, die in der Kita betreut werden • Eltern • sonstige Erziehungsberechtigte

➜

Ermächtigung zur Datenverarbeitung gemäß Art. 6 DS-GVO	• Kita-Gesetz (NRW) • Betreuungsvertrag • Einwilligung der Betroffenen (bei freiwilligen Angaben)
Beschreibung der Datenkategorien	Name, Adresse, Geburtsdatum, Geschlecht, Nationalität, Muttersprache des Kindes ggf. Gesundheitsinformationen Name, Adresse, Telefon-Nummer, E-Mail-Adresse der Eltern
Empfänger, gegenüber denen die Daten offengelegt werden	**Intern:** Träger, Gruppenleitung **Extern:** Jugendamt
Datenübermittlung an Dritte im Inland	Jugendamt
Datenübermittlung an Dritte im Ausland	– / –
Fristen für die Löschung der Daten	3 Jahre nach Beendigung des Betreuungsvertrags
Technische und organisatorische Maßnahmen	s. Anlage TOM
Verantwortlicher	Johanna Schubert
Datum	18.05.2018
Unterschrift	Johanna Schubert

Schnell-Übersicht: Diese Änderungen bringt die EU-DSGVO	
Änderung	**Auswirkung**
Erweiterte Dokumentations- und Nachweispflichten	• Nachweis der Einhaltung der Datenschutzgrundsätze (Art. 5 Abs. 2 EU-DSGVO) • Nachweis der erforderlichen technischorganisatorischen Maßnahmen (Art. 24 EU-DSGVO) • Nachweis geeigneter Auftragsverarbeiter (Art. 28 EU-DSGVO) • Pflicht zur Führung eines Verzeichnisses von Verarbeitungstätigkeiten (Art. 30 EU-DSGVO) • Dokumentation von Datenschutzvorfällen (Art. 33 EU-DSGVO)
Erweiterte Informations- und Auskunftsrechte der Betroffenen	• Eltern müssen in präziser, transparenter, verständlicher und leicht zugänglicher Form in einfacher klarer Sprache über die Verarbeitung ihrer personenbezogenen Daten und die ihrer Kinder unterrichtet werden (Art. 12 Abs. 1 EU-DSGVO).
Recht auf Datenübertragbarkeit	• Eltern können die Herausgabe der Stammdaten verlangen (Art. 20 EU-DSGVO).
Datenschutz-Folgenabschätzung	• Hat die Datenverarbeitungen voraussichtlich hohe Risiken für die persönlichen Rechte und Freiheiten des Betroffenen, muss die Kita-Leitung bzw. der Träger eine Datenschutz-Folgenabschätzung durchführen (Art. 35 EU-DSGVO). • Der Datenschutzbeauftragter hat beratende Funktion. • Ggf. muss die Kita-Leitung bzw. der Träger die Aufsichtsbehörde konsultieren (Art. 36 EU-DSGVO).
Datenschutz durch Technik und datenschutzrechtliche Voreinstellungen	• Der Träger muss IT-Systeme der Kita so ausgestalten, dass die Grundsätze des Datenschutzes wirksam umgesetzt werden. • Das Gebot der Datenminimierung muss eingehalten werden. • Es dürfen nur solche Daten erhoben werden, die zur Erfüllung des Zwecks erforderlich sind. • Das IT-System der Kita muss so voreingestellt werden, dass der Grundsatz der Datenminimierung eingehalten wird (Art. 25 EU-DSGVO).

→

Melde- & Benachrichtigungspflichten	• Die Kita-Leitung bzw. der Träger ist verpflichtet, Datenschutzverstöße innerhalb von 72 Stunden seit Kenntnisnahme den zuständigen Aufsichtsbehörden zu melden (Art. 33 EU-DSGVO). • Bei hohem Risiko für die Rechte und Freiheiten der betroffenen Person ist auch dieser der Verstoß zu melden.
Ernennung eines Datenschutzbeauftragten	• Die Kita bzw. der Träger muss einen internen oder externen Datenschutzbeauftragten ernennen, wenn regelmäßig mehr als 9 Personen mit der Datenverarbeitung beauftragt sind (Art. 37 EU-DSGVO).
Auftragsdatenverarbeitung	• eigene Haftung und Bußgeldpflicht des Auftragsverarbeiters, Verantwortlicher und Auftragsverarbeiter haften gemeinsam (Art. 28 EU-DSGVO)

1.6 Einwilligungserklärung der Eltern zur Datenverarbeitung

Um Daten von Kindern und Eltern verarbeiten zu dürfen, benötigen Sie eine Ermächtigungsgrundlage. Diese ergibt sich zum einen aus dem Kita-Gesetz Ihres Bundeslandes, z. B. aus § 12 KiBiz NRW. Die in dieser Vorschrift genannten Daten müssen die Eltern Ihnen bei Aufnahme des Kindes mitteilen.

Wollen Sie und Ihr Team Daten erheben, die über die im Kita-Gesetz Ihres Bundeslandes genannten Daten hinausgehen, geht das nur, wenn die Eltern des Kindes hierin wirksam einwilligen oder wenn dies vertraglich, z. B. im Betreuungsvertrag, mit den Eltern vereinbart wurde.

Vor dem Hintergrund EU-DSGVO ist es empfehlenswert, sich bei Aufnahme des Kindes abzusichern und sich vorsorglich von allen Eltern eine Einwilligungserklärung zur Datenverarbeitung unterschreiben zu lassen. Bei Kindern, die Ihre Kita bereits besuchen, sollten Sie die Eltern ebenfalls bitten, Ihnen eine solche Erklärung zu unterschreiben.

Diese bezieht sich allerdings nur auf die Daten, die Ihnen die Betroffenen freiwillig zur Verfügung stellen. Hierbei können Sie auf das Muster auf Seite 26 zurückgreifen.

Damit eine Einwilligungserklärung nach Art. 7 EU-DSGVO wirksam ist, müssen die folgenden 5 Voraussetzungen erfüllt sein:

1. Voraussetzung: Einwilligung muss vorab erteilt werden

Wichtig ist, dass die Eltern in die Datenverarbeitung einwilligen, bevor Sie mit der Datenerhebung beginnen. Das gilt jedenfalls dann, wenn es keine gesetzliche Vorschrift gibt, die Sie automatisch zur Datenverarbeitung ermächtigt. Das heißt für Sie: Bevor Neu-Eltern das Anmeldeformular ausfüllen, bekommen sie die Einwilligungserklärung zur Datenverarbeitung ausgehändigt. Erst wenn diese unterschrieben vorliegt, geht der eigentliche Aufnahmeprozess weiter.

Weisen Sie die Eltern außerdem darauf hin, dass die Einwilligungserklärung freiwillig ist und keine Bedingung für die Aufnahme des Kindes in Ihrer Kita darstellt. Die Eltern müssen allerdings mindestens die „Pflichtangaben" machen, die Ihr Kita-Gesetz vorsieht.

2. Voraussetzung: Einwilligung muss verständlich sein

Die Einwilligung muss so formuliert sein, dass die Eltern diese verstehen und wissen, worin sie einwilligen. Aus der Erklärung muss sich außerdem ergeben, welche Daten genau erhoben werden.

3. Voraussetzung: Zweck der Datenerhebung muss klar formuliert sein

Da Sie die Daten nur für den vorher festgelegten Zweck verwenden dürfen, muss sich dieser auch in der Einwilligungserklärung wiederfinden.

4. Voraussetzung: Einwilligungserklärung muss als solche erkennbar sein

Die Einwilligungserklärung muss von anderen Texten, z. B. Anmeldeformular oder Betreuungsvertrag, klar abgegrenzt sein. Am besten verwenden Sie für die Einwilligungserklärung ein separates Formular.

5. Voraussetzung: Eltern müssen auf ihre Rechte hingewiesen werden

In der Einwilligungserklärung müssen die Eltern darauf hingewiesen werden, dass sie diese Erklärung jederzeit widerrufen können. Sie haben außerdem einen Anspruch darauf, dass ihre Daten auf ihr Verlangen hin gelöscht werden, soweit keine gesetzlich vorgeschriebenen Aufbewahrungsfristen der Löschung entgegenstehen. Sie können auch Auskunft darüber verlangen, welche Daten genau über sie und ihr Kind gespeichert wurden.

Muster: Einwilligungserklärung zur Datenverarbeitung

Wir, Susanne und Johannes Berger gestatten ausdrücklich, dass für den Kita-Besuch unseres Kindes, Julian Berger, folgende personenbezogenen Daten

- Smartphone-Nr. Susanne Berger
- Smartphone-Nr. Johannes Berger
- E-Mail-Adresse Susanne Berger
- E-Mail-Adresse Johannes Berger
- Beruf Susanne Berger
- Beruf Johannes Berger

von der Kita verarbeitet werden. Ziel der Datenverarbeitung ist es,

- die Erreichbarkeit der Eltern in Notfällen sicherzustellen (Smartphone-Nummer),
- Elternbriefe per E-Mail zu versenden (E-Mail-Adresse),
- berufliche Qualifikationen der Eltern ins pädagogische Angebot der Kita einzubauen, wo sich dies anbietet (Berufe der Eltern).

Wir stimmen zu, dass die Kita sich bei der Datenverarbeitung auch EDV-gestützter Systeme bedient. Hierbei kann auch eine mobile Datenerfassung zum Einsatz kommen.
Wir ermächtigen die Kita ausdrücklich zur Verarbeitung der oben genannten Daten unter Beachtung der Vorgaben aus Datenschutz/Sozialdatenschutz. Die Kita darf ihre Mitarbeiter mit der Datenverarbeitung beauftragen. Diese Mitarbeiter werden zuvor auf die Wahrung des Datengeheimnisses verpflichtet.

Uns ist bekannt, dass wir ein Recht auf Auskunft bezüglich der über uns und unser Kind gespeicherten Daten haben. Uns ist ebenfalls bekannt, dass wir diese Einwilligungserklärung jederzeit mit Wirkung für die Zukunft durch eine schriftliche Erklärung gegenüber der Kita-Leitung widerrufen können, ohne dass uns oder unserem Kind hierdurch Nachteile entstehen.

Neudorf, den 30.06.2018

Susanne Berger Johannes Berger
Unterschrift der Erziehungsberechtigten

1.7 Konsequenzen eines Verstoßes gegen datenschutzrechtliche Vorgaben

Bisher galt der Datenschutz als eher „zahnloser Tiger". Die Wahrscheinlichkeit, wegen Verstößen gegen datenschutzrechtliche Bestimmungen tatsächlich Ärger zu bekommen, war gering. Das wird sich mit der Umsetzung der EU-DSGVO ändern.

Denn zum einen ist die Position der Aufsichtsbehörden gestärkt worden. Zum anderen wurde der Strafrahmen massiv erhöht. Die EU-DSGVO stellt Geldbußen in Höhe von bis zu 20 Mio. € oder 4 % des Jahresumsatzes in Aussicht. Dabei gilt der jeweils höhere Bußgeldrahmen.

Aus diesen Zahlen lässt sich erkennen, dass Verstöße gegen datenschutzrechtliche Vorgaben zukünftig richtig weh tun sollen. Allerdings können die Mitgliedsstaaten Ausnahmen hiervon für den öffentlich-rechtlichen Bereich vorsehen. Hiervon hat der Bundesgesetzgeber Gebrauch gemacht. Auch die Landesgesetzgeber gehen in ihren Entwürfen zur Anpassung ihrer Datenschutzgesetze davon aus, dass die Bußgelder lediglich für Privatunternehmen gelten sollen. Die Bußgelder drohen daher in erster Linie privaten Trägern, die gegen datenschutzrechtliche Bestimmungen verstoßen.

Aber Vorsicht! Von Verstößen gegen datenschutzrechtliche Bestimmungen Betroffene können mit Umsetzung der EU-DSGVO Ihren Träger auf Schmerzensgeld oder Schadenersatz verklagen. Auch das kann im Einzelfall richtig teuer werden.

Sie und Ihr Träger dürfen daher das Thema Datenschutz in Ihrer Kita nicht ignorieren. Denn das kann wirklich böse enden.

Verletzung der datenschutzrechtlichen Vorgaben hat arbeitsrechtliche Konsequenzen

Die Einhaltung der datenschutzrechtlichen Bestimmungen ist eine Nebenpflicht, die sich aus Ihrem und aus den Arbeitsverträgen Ihrer Mitarbeiter ergibt. Verstoßen Sie bzw. Ihre Mitarbeiter bewusst gegen diese Pflicht, kann dies arbeitsvertragliche Konsequenzen, in der Regel eine Abmahnung, aber im Wiederholungsfall auch eine verhaltensbedingte Kündigung, nach sich ziehen.

Bei der Formulierung einer Abmahnung wegen des Verstoßes gegen die Pflicht mit personenbezogenen Daten vertraulich umzugehen, können Sie bzw. Ihr Träger auf das folgende Muster zurückgreifen.

Muster: Abmahnung wegen Verstoß gegen die Vertraulichkeitsverpflichtung

Sehr geehrte Frau Meurer,

am 03.06.2018 haben Sie sich mit Frau Hallerbach, der Mutter von Leon, über die Entwicklungsverzögerungen von Lina Wolters unterhalten. Hierdurch haben Sie nicht nur Ihre Pflicht zur Vertraulichkeit verletzt, sondern auch gegen die Vorschriften über den Umgang mit Sozialdaten (§§ 64 ff. SGB VIII) verstoßen.

Wir sprechen Ihnen wegen dieses Verhaltens, das eine Verletzung Ihrer arbeitsvertraglichen Pflichten darstellt, eine

Abmahnung

aus.

Wir fordern Sie hiermit auf, zukünftig gegenüber Eltern und sonstigen Kita-fremden Personen absolutes Stillschweigen über personenbezogene Daten von Kindern und deren Familien und Informationen, die Ihnen durch Ihre Arbeit in der Kita bekannt geworden sind, zu wahren. Sollte es in Zukunft erneut zu Verstößen gegen Ihre Pflicht zum vertraulichen Umgang mit personenbezogenen Daten und die Vorschriften des Sozialdatenschutzes kommen, müssen Sie mit weitergehenden arbeitsrechtlichen Maßnahmen bis hin zu einer verhaltensbedingten Kündigung rechnen.

Eine Kopie dieses Abmahnungsschreibens werden wir zu Ihrer Personalakte nehmen.

Mit freundlichen Grüßen

Sabine Hansen

Kita-Leitung

1.8. Datenschutzfolgenabschätzung – So geht es

Die EU-DSGVO hat ein wahres Begriffsmonster erschaffen: Die Datenschutzfolgenabschätzung. Diese müssen Sie zukünftig immer dann durchführen, wenn bei einem Datenverarbeitungsprozess ein hohes Risiko für die persönlichen Rechte oder Freiheiten der Betroffenen besteht. Dies kann insbesondere bei der Einführung neuer Technologien der Fall sein. Die Aufsichtsbehörden sind verpflichtet, Black- und Whitelists vorzulegen, das heißt festzulegen, wann eine erforderlich ist.

Die Datenschutzfolgenabschätzung könnte in 3 Schritten erfolgen:

1. Schritt: Prüfen Sie, ob der geplante Datenverarbeitungvorgang auf der Blacklist steht

Prüfen Sie zunächst, ob die von Ihnen geplante Datenverarbeitung auf einer Blacklist der für Ihre Kita zuständigen Aufsichtsbehörde steht. Ist dies der Fall, müssen Sie eine Datenschutzfolgenabschätzung durchführen. Die inzwischen veröffentlichten Listen können Sie z. B. unter https://tinyurl.com/kitadsgvo und auf den Websites der Landesdatenschutzbeauftragten einsehen.

Überlegen Sie, wenn der Datenverarbeitungsvorgang auf einer Blacklist steht, ob für die von Ihnen geplante Datenverarbeitung die realistische Gefahr eines Datenlecks besteht, durch die ein hohe Risiko für die Rechte und Freiheiten der Betroffenen besteht.

2. Schritt: Prüfung, ob sensible Daten von Kindern und Eltern bedroht sind

Bei einem Datenleck könnten biografische und ggf. auch Gesundheitsdaten von Kindern und auch die Kontaktdaten von Eltern und anderen abholberechtigten Personen an unbefugte Dritte geraten.

3. Schritt: Prüfen Sie, ob die Gefahr minimiert werden kann

Überlegen Sie dann, ob Sie die von Ihnen ausgemachten Gefahren wirksam beseitigen und damit die Risiken für die Betroffenen minimieren können. Ist dies der Fall, können Sie die Datenverarbeitung durchführen.

Dokumentieren Sie eine solche Datenschutzfolgenabschätzung auf jeden Fall. Kommen Sie zu dem Ergebnis, dass die Gefahren für die Rechte und Freiheiten der Betroffenen nicht wirksam minimieren können, haben Sie 2 Möglichkeiten:

Sie können

1. die von Ihnen geplante Datenverarbeitung zu den Akten legen oder
2. die Aufsichtsbehörde einschalten. Diese wird Sie dann beraten, wie Sie weiter vorgehen und die Risiken für die Betroffenen minimieren können.

WICHTIGER HINWEIS

Die Aufsichtsbehörden haben nicht nur die Aufgabe, Sie zu kontrollieren und bei Verstößen gegen datenschutzrechtliche Vorgaben Bußgelder zu verteilen. Ihre Aufgabe ist es auch, Sie in datenschutzrechtlichen Fragen zu beraten und Hinweise zu geben, wie Sie die datenschutzrechtlichen Vorgaben richtig umsetzen. Von diesem Beratungsangebot sollten Sie allerdings nur nach Rücksprache mit Ihrem Träger Gebrauch machen.

1.9 Wie Sie bei einem Datenleck rechtlich einwandfrei reagieren

Auch nach dem Inkrafttreten der EU-DSGVO müssen Sie nicht damit rechnen, dass die Aufsichtsbehörden flächendeckende Kontrollen durchführen und sich dabei ausgerechnet Ihre Kita ausgucken. Doch es reicht die Beschwerde eines einzigen Ihrer Mitarbeiter oder von Eltern beim Landesdatenschutzbeauftragten, um das volle Programm einer umfassenden Prüfung über Ihnen niedergehen zu lassen.

Außerdem sollten Sie die neuen Meldepflichten beachten: Ein mögliches Datenleck müssen Sie innerhalb von 72 Stunden nach Kenntnis der Datenschutzverletzung bei der zuständigen Behörde anzeigen. Dazu zählt jede Verletzung der Datensicherheit, auch wenn unklar ist, ob tatsächlich irgendetwas in falsche Hände gelangt ist.

Unterlassen Sie die Meldung und niemand merkt etwas, haben Sie großes Glück gehabt. Kommt es zu einer Beschwerde, bekommen Sie nämlich unter Garantie eine Kontrolle der Aufsichtsbehörde ins Haus. Daher ist es auf jeden Fall sinnvoll, in solchen Fällen den offiziellen Weg zu gehen.

Die EU-DSGVO schreibt außerdem vor, dass Sie die von dem Datenleck wahrscheinlich Betroffenen informieren müssen, wenn „voraussichtlich ein hohes Risiko für die Rechte der Betroffenen“ besteht.

2. Aufbewahrung & Speicherung personenbezogener Daten im Kita-Alltag

Im Kita-Alltag kommt der rechtlich einwandfreien Aufbewahrung und Speicherung von personenbezogenen Daten eine besondere Bedeutung zu.

Die Daten müssen so aufbewahrt werden, dass nur derjenige Zugriff auf diese hat, der hierzu auch berechtigt ist.

Das heißt, personenbezogene Daten müssen so aufbewahrt werden, dass ein Zugriff durch Unbefugte ausgeschlossen ist. Dies sicherzustellen fällt in Ihre Verantwortung als Kita-Leitung.

2.1 Aufbewahrung von Kinderakten in Papier

Ihre Verantwortung als Kita-Leitung hinsichtlich der Aufbewahrung und Speicherung von personenbezogenen Daten gilt unabhängig davon, ob die Daten an Ihrer Kita „konventionell" auf Papier oder EDV-gestützt aufbewahrt werden.

Grundsätzlich darf nur derjenige auf Informationen über die in Ihrer Kita betreuten Kinder zugreifen, der diese Daten zur Erfüllung seiner jeweiligen Aufgabe benötigt. Dies sind im Kita-Alltag:
- die Kita-Leitung und ihre Stellvertretung
- die pädagogischen Fachkräfte, die mit dem Kind arbeiten

Sie sollten mit einer Dienstanweisung, die an die Bedürfnisse in Ihrer Kita angepasst ist, anordnen, dass alle pädagogischen Fachkräfte in Ihrer Kita wissen, wer wann Zugriff auf welche Akten hat und wie diese aufzubewahren sind.

Betreuungsverträge, ärztliche Atteste, Bildungs- und Lerndokumentationen müssen Sie zuverlässig so aufbewahren, dass Unbefugte, insbesondere fremde Eltern, hierauf keinen Zugriff haben.

Es gelten hierfür die folgenden, auch im Kita-Alltag einfach umzusetzenden Regeln.

6 Regeln zur Aufbewahrung von Kinderakten

1. Akten mit personenbezogenen Daten müssen während des Kita-Betriebs immer unter Aufsicht sein, z. B. im Leitungsbüro.
2. Beim – auch nur kurzfristigen – Verlassen des Aufbewahrungsortes wird das Büro abgeschlossen.
3. Akten werden nur von der Kita-Leitung an pädagogische Fachkräfte herausgegeben, die mit dem jeweiligen Kind auch tatsächlich arbeiten.
4. Kinderakten werden ausschließlich im Leitungsbüro oder im Personalraum eingesehen.
5. Aktenschränke werden bei Dienstschluss abschlossen.
6. Bei digitalen Akten gibt es ein striktes Berechtigungskonzept, das Lese- und Schreibrechte festlegt.

2.2 Aufbewahrung von Personalakten

Unterlagen über Mitarbeiter, insbesondere Personalakten, müssen so aufbewahrt werden, dass weder Kinder noch Eltern oder Mitarbeiter hierauf Zugriff haben.

In den meisten Kitas ist es so, dass die Personalakte der Mitarbeiter geteilt ist. Die Grundakte mit den Bewerbungsunterlagen, Abrechnungsunterlagen, Arbeitsvertrag, Zusatzvereinbarungen und Abmahnungen befindet sich beim Träger.

Sie haben in der Kita lediglich eine sogenannte Handakte, in der Sie die Unterlagen des Alltags aufbewahren, also z. B. Telefonnummer, Urlaubsanträge, Krankmeldungen und Überstundenzettel des Mitarbeiters.

Personalakten unterliegen ab dem 25.05.2018 als klassische Dateisysteme der EU-DSGVO. Das heißt: Personalakten gehören ohne Wenn und Aber in einen abschließbaren Schrank in Ihrem Büro. Zugriff zu diesen Akten haben nur Sie, Ihre Stellvertretung, Ihr Träger und der jeweilige Mitarbeiter, soweit er Akteneinsicht verlangt. Dann erfolgt die Akteneinsicht aber immer in Ihrer Anwesenheit.

Der Aktenschrank für Personalakten muss immer verschlossen sein, wenn Sie Ihr Büro verlassen. Auch den Schlüssel müssen Sie sicher vor dem Zugriff Unbefugter aufbewahren.

Nicht in die Personalakte kommt das Protokoll des letzten Mitarbeitergesprächs. Denn der Inhalt bleibt zwischen Mitarbeiter und Leitung, ohne dass Ihr Träger vom Inhalt erfährt. In der Personalakte wird nur vermerkt, dass und wann das Gespräch stattgefunden hat. Das Protokoll des Gesprächs sollten Sie in einem gesonderten Ordner aufbewahren. Dieser gehört aber auch in Ihren abschließbaren Schrank, in dem Sie die Personalakten aufbewahren. Denn auch diese Protokolle unterliegen dem Datenschutz und müssen vor dem Zugriff unbefugter Dritter, insbesondere neugierigerer Kollegen, geschützt werden.

Das Protokoll können Sie übrigens nach dem nächsten Mitarbeitergespräch vernichten, denn dann benötigen Sie es nicht mehr, da es durch das Protokoll des nächsten Gesprächs ersetzt wird.

Anders sieht es mit offiziellen Beurteilungen der Leistungen und des Verhaltens von Mitarbeitern aus, die manche Träger regelmäßig durchführen und die auch Grundlage für eine leistungsorientierte Gehaltszulage sein können. Diese finden Eingang in die Personalakte des Mitarbeiters.

Mitarbeiterdaten & EU-DSGVO

Auch wenn nach der EU-DSGVO für viele Datenerhebungen die Einwilligung des Betroffenen notwendig ist, dürfen Sie dennoch die meisten Mitarbeiterdaten nach wie vor ohne Einwilligung Ihrer Mitarbeiter verarbeiten. Dies ergibt sich aus Art. 6 EU-DSGVO und § 26 BDSG. Nach diesen Vorschriften dürfen Sie ohne Einwilligung der Mitarbeiter die folgenden Daten verarbeiten:

- Daten, die Sie zur Begründung eines Arbeitsverhältnisses benötigen, z. B. Bewerbungsunterlagen, Zeugnisse, Lebenslauf
- Daten, die Sie zur Durchführung eines Arbeitsvertrags benötigen, z. B. Kontoverbindung des Mitarbeiters, Sozialversicherungsnummer
- Daten, die Sie zur Beendigung eines Arbeitsverhältnisses benötigen, z. B. Abmahnungen, Kündigungsschreiben, Arbeitsbescheinigungen, Zeugnisse

Der folgenden Übersicht können Sie entnehmen, welche Rechte Ihre Mitarbeiter bei der Verarbeitung ihrer personenbezogenen Daten haben.

Mitarbeiterrechte beim Umgang mit personenbezogenen Daten	
Recht	**Vorschrift**
Recht auf Information über die von Ihnen verarbeiteten Daten	Art. 13 und 14 EU-DSGVO
Recht auf Auskunft, welche Daten Sie gespeichert haben, aus welcher Quelle diese Daten stammen und für welchen Zweck diese Daten verarbeitet wurden	Art. 15 Abs. 1 EU-DSGVO
Recht auf Kopie der von Ihnen gespeicherten Daten	Art. 15 Abs. 3 EU-DSGVO
Recht auf Berichtigung falscher personenbezogener Daten	Art. 16 EU-DSGVO
Recht auf Löschung personenbezogener Daten	Art. 17 EU-DSGVO
Recht auf Einschränkung der Verarbeitung personenbezogener Daten	Art. 18 EU-DSGVO

Datenschutz im Bewerbungsverfahren

Auch Bewerber gehören zum Personenkreis, für den die datenschutzrechtlichen Bestimmungen in Ihrer Einrichtung gelten.

Sie dürfen Informationen über Bewerber nur dann erheben, verarbeiten und nutzen, wenn dies für Ihre Einstellungsentscheidung erforderlich ist.

Das heißt konkret, dass Sie im Bewerbungsverfahren Bewerbungsmappen anfordern und Informationen über Bewerber speichern dürfen, soweit das für Ihre Entscheidung für oder gegen einen Bewerber notwendig ist.

Nach Art. 13 EU-DSGVO müssen Sie Bewerber nach dem Eingang der Bewerbungsunterlagen informieren, welche Daten Sie verarbeiten und wann Sie diese wieder löschen. Zur Information der Bewerber können Sie auf das folgende Muster zurückgreifen.

Muster: Information zur Datenerhebung bei Bewerbern nach Art. 13 EU-DSGVO

Sehr geehrte Frau Schneider,

vielen Dank für die Zusendung Ihrer Bewerbungsunterlagen. Bitte haben Sie Verständnis, dass die Auswertung der Unterlagen einige Zeit in Anspruch nehmen wird. Zugleich möchten wir Sie über die Verarbeitung Ihrer Daten durch unsere Kita im Bewerbungsverfahren informieren.

Information zur Datenerhebung gemäß Art. 13 EU-DSGVO

Die Kita „Löwenzahn" erhebt Ihre Daten zum Zweck der Durchführung des Bewerbungsverfahrens und der Erfüllung vorvertraglicher Pflichten. Die Datenverarbeitung ist für die Durchführung des Bewerbungsverfahrens erforderlich und beruht auf Art. 6 Abs. 1b EU-DSGVO.

Eine Weitergabe Ihrer Daten an Dritte findet nicht statt. Ihre Daten werden gelöscht, sobald sie für den Zweck ihrer Verarbeitung nicht mehr erforderlich sind. Sie haben das Recht, Auskunft, über die bei uns über Sie gespeicherten Daten zu beantragen sowie bei Unrichtigkeit der Daten die Berichtigung oder bei unzulässiger Datenspeicherung die Löschung der Daten zu verlangen. Den Datenschutzbeauftragten erreichen Sie unter datenschutzbeauftragter@kita-löwenzahn.de.

Weiterhin steht Ihnen ein Beschwerderecht bei der Aufsichtsbehörde zu.

Mit freundlichen Grüßen

Johanna Neumann
Kita-Leitung

Nach dem Abschluss des Bewerbungsverfahrens sind Sie verpflichtet, alle personenbezogenen Daten, also

- Bewerbungsschreiben,
- Bewerbungsunterlagen,
- Aufzeichnungen aus Vorstellungsgesprächen,
- Personalfragebögen,
- Bewerberlisten mit persönlichen Daten,

entweder an die Bewerber zurückzusenden oder zu vernichten. Eine Rücksendung bzw. Vernichtung der Unterlagen sollte erst dann erfolgen, wenn keine Schadenersatzansprüche eines abgelehnten Bewerbers wegen eines Verstoßes gegen das Allgemeine Gleichbehandlungsgesetz (AGG) mehr zu erwarten sind, frühestens also 3 Monate, nachdem Sie dem Bewerber eine Absage erteilt haben.

Wollen Sie Bewerbungsunterlagen aufheben, um vielleicht später noch einmal Kontakt zu einem abgelehnten Bewerber aufnehmen zu können, ist das nur dann in Ordnung, wenn der Betroffene dem ausdrücklich schriftlich zustimmt.

Recherche über Bewerber im Internet und in sozialen Netzwerken

Viele Kita-Leitungen haben inzwischen großen Einfluss, wenn es darum geht, welcher Bewerber eingestellt wird und welcher nicht.

Stellt sich ein potenzieller neuer Mitarbeiter bei Ihnen vor, ist die Durchsicht der Bewerbungsunterlagen eine Sache. Aufschlussreicher ist es aber häufig, sich im Internet und in sozialen Netzwerken über den Bewerber zu informieren.

PRAXISBEISPIEL

Laura Stern leitet die Kita „Finkensteig". Auf eine Zeitungsanzeige hin, hat sich eine Erzieherin beworben, deren Bewerbungsunterlagen Frau Stern interessant erscheinen. Frau Stern möchte vor einer Einladung zum Vorstellungsgespräch mehr über die potenzielle neue Kollegin erfahren.

Sie googelt daher den Namen und sieht, dass sich die Bewerberin politisch bei der AFD engagiert. Sie überlegt, wie Sie mit dieser Information umgehen soll.

Grundsätzlich dürfen Sie im Bewerbungsverfahren allgemein zugängliche Daten erheben, auch über das Internet. Voraussetzung ist, dass dem keine überwiegenden Interessen des Betroffenen entgegenstehen. Diese Grundsätze gelten auch, wenn es um eine Internet-Recherche über potenzielle neue Kollegen geht.

Recherchieren Sie unbesorgt bei Google

Geben Sie den Namen eines potenziellen neuen Mitarbeiters bei Google oder anderen Internet-Suchmaschinen ein, ist das datenschutzrechtlich nicht zu beanstanden. Denn bei den hier veröffentlichten Informationen handelt es sich um frei und allgemein zugängliche Daten. Auf diese dürfen Sie ohne Einschränkung zurückgreifen und sich die Suchergebnisse ansehen.

Seien Sie vorsichtig bei einer Suche in sozialen Netzwerken

Schwieriger ist die Frage zu beantworten, ob auch soziale Netzwerke allgemein zugänglich im Sinne der Datenschutzgesetze sind. Insbesondere die Frage, ob Sie bei Facebook recherchieren dürfen, ist umstritten und juristisch nicht abschließend geklärt. Ganz auf der sicheren Seite sind Sie, wenn Sie auf eine Recherche in freizeitorientierten sozialen Netzwerken wie Facebook komplett verzichten.

In beruflich orientierten Netzwerken, wie LinkedIn oder Xing dürfen Sie hingegen über Bewerber nachforschen. Denn wer sich hier präsentiert, möchte in diesen Netzwerken auch gefunden werden.

Verzichten Sie auf das gezielte Ausforschen des Privatlebens

Als zukünftige Vorgesetzte sind Sie nicht berechtigt, das Privatleben Ihrer Mitarbeiter, z. B. über soziale Netzwerke, auszuforschen.

Das heißt: Sie dürfen auch bei Recherchen über Bewerber im Internet und in sozialen Netzwerken nicht gezielt nach Informationen aus dem Privatleben der potenziellen Mitarbeiterinnen suchen. Also: Kein Ausforschen

- des Intimlebens,
- der finanziellen Situation,
- der Religion,
- der sexuellen Ausrichtung.

Treffen Sie bei Ihren Nachforschungen zufällig auf solche Informationen, dürfen diese Ihre Personalentscheidung nicht beeinträchtigen.

Legen Sie keine Fake-Profile an, um potenzielle neue Kollegen auszuhorchen

Auf keinen Fall dürfen Sie potenziellen neuen Kollegen über soziale Netzwerke wie Facebook eine Freundschaftsanfrage schicken, ohne sich als potenzieller neuer Vorgesetzter zu erkennen zu geben. Auch dürfen Sie keine Fake-Profile anlegen, um Bewerber und Mitarbeiter unbemerkt auszuforschen.

Meine Empfehlung: Lassen Sie sich nichts anmerken

Wenn Sie über Bewerber im Internet recherchieren, sollten Sie die so gewonnenen Erkenntnisse nicht im Bewerbungsgespräch erwähnen. Denn auch wenn diese Recherchen rechtlich nicht zu beanstanden sind, fühlen sich neue Kollegen schnell ausspioniert.

Das kann dazu führen, dass sie sich bei Ihnen nicht wohl und willkommen fühlen. Nutzen Sie diese Informationen vielmehr als Hintergrundwissen, das Sie in Ihre abschließende Entscheidung einfließen lassen.

2.3 Elektronische Speicherung von personenbezogenen Daten

Personenbezogene Daten, die Sie in Papier speichern, vor unbefugtem Zugriff zu schützen, ist noch relativ einfach. Dies sieht schon anders aus, wenn die Daten elektronisch gespeichert werden.

Die Gefahr, dass im Computer gespeicherte Daten verloren gehen, von Unbefugten eingesehen oder manipuliert werden, ist bei dieser Aufbewahrungsform einfach sehr viel größer als bei der guten alten „Papierakte".

Regelungen, wie die computergestützte Datenspeicherung in Ihrer Kita aussehen sollte und welche Sicherheitsvorkehrungen für Sie gelten, finden Sie im Datenschutzgesetz Ihres jeweiligen Bundeslandes, im BDSG und in der EU-DSGVO.

Nach der EU-DSGVO müssen Sie den Zugang zu und die Verfügbarkeit von Daten durch technisch-organisatorische Maßnahmen (TOM) regeln.

Wichtige TOMs in der Kita

Teilbereich	Regelungsinhalte
Zutrittskontrolle	Zugang zum Leitungsbüro, Personalraum, Sekretariat (falls vorhanden), EDV-Geräten, Serverraum (falls vorhanden)
Zugangskontrolle Computer	Kennwortverwaltung, Passwort-Änderungsrhythmus
Zugriffskontrolle Computer	Rechteverwaltung in der EDV
Weitergabekontrolle	Verschlüsselung, VPN-Verbindung, E-Mail-Verschlüsselung, Verbot der Weitergabe personenbezogener Daten über soziale Netzwerke oder Messenger-Dienste
Eingabekontrolle	Nachweis, wer welche Eintragungen gemacht hat, Erkennbarkeit von nachträglichen Änderungen
Verfügbarkeitskontrolle	Backup-Erstellung, Diebstahl- und Brandschutz, Notstrom, ggf. Hochwasserschutz
Trennungsgebot	z. B. getrennte Speicherung von Mitarbeiter- und Kinderdaten

Hieraus ergeben sich im Wesentlichen die folgenden Grundsätze:

- Auch bei der EDV-gestützten Datenverarbeitung müssen Sie personenbezogene Daten gegen den Zugriff Unbefugter schützen. Hierzu muss Ihr Träger die EDV-Anlage Ihrer Kita mit den notwendigen technischen Sicherheitsvorkehrungen ausstatten.
- Sie müssen sicherstellen, dass nur befugte Personen Zugriff auf die bei Ihnen gespeicherten personenbezogenen Daten haben. Hierzu ist es sinnvoll, nur Zugriffsberechtigten entsprechende Zugriffsrechte einzuräumen und diese mit Passwörtern zu schützen. Lassen Sie sich also auch nicht von einem Vater, der fit in Computern ist, bei Computer-Problemen in der Kita helfen.
- Den Computer, auf dem personenbezogene Daten gespeichert werden, sollten Sie zusätzlich mit einer Zugangssicherung ausstatten. Das heißt, jeder Benutzer muss sich bei der Anmeldung mit einem entsprechenden Passwort für den Bildschirm und das jeweilige Benutzerkonto identifizieren. Das Passwort sollte hierbei aus einer Kombination von Buchstaben, Zahlen und Sonderzeichen bestehen, mindestens zehn Zeichen lang sein und darf nicht in der Nähe des Rechners aufbewahrt werden. Die Passwörter müssen regelmäßig geändert werden
- Die Computer der Kita sind mit einem Anti-Virus-Programm und einer Firewall auszustatten, die regelmäßig aktualisiert werden.
- Administrationsaufgaben dürfen nicht von Eltern, sondern von Ihnen selbst, von versierten Mitarbeitern oder vom Systemadministrator Ihres Trägers übernommen werden. Sie sollten sich hierbei bewusst sein, dass derjenige, der die Administratorrechte hat, auf Ihrem Rechner automatisch Zugriff auf alle dort gespeicherten Daten hat.
- Führen Sie eine regelmäßige externe Datensicherung, so genannte Backups, durch. Eine Spiegelung der Festplatten im Rechner selbst hilft z. B. bei Diebstahl oder Vandalismus nicht weiter. Die Intervalle der Datensicherung sind abhängig von der Intensität der Datenveränderung. Die Sicherungsmedien sollten nicht in der Nähe des Computers aufbewahrt werden, sondern einbruch- und brandsicher in einem abschließbaren Schrank oder einer Kassette.
- Private Endgeräte von Mitarbeitern, z. B. Laptop, Tablet und Smartphone, werden nicht zur Verarbeitung von personenbezogenen Daten aus der Kita benutzt.

Meine Empfehlung: Nehmen Sie Ihren Träger in die Pflicht

Die Gestellung der „Hardware", z. B. eines Schrankes zur Aufbewahrung von Sicherungskopien und einer sicheren Software für die Computer, die Sie für die Bearbeitung personenbezogener Daten nutzen, ist Sache Ihres Trägers. Er ist dafür verantwortlich, die Kita technisch so auszustatten, dass Sie als Kita-Leitung Ihre Aufgaben im Bereich Datenschutz rechtssicher erfüllen können.

PRAXISTIPP

Vielleicht haben auch Sie den einen oder anderen Mitarbeiter, der sich gerne Arbeit mit nach Hause nimmt und die Bildungsdokumentationen der Kinder zu Hause in Ruhe am heimischen Computer in Ordnung bringt. Dies ist aber aus datenschutzrechtlicher Sicht nicht zulässig. Daten von der Arbeit in der Kita dürfen grundsätzlich nicht auf den privaten Computern Ihres Teams gespeichert werden. Besprechen Sie dies im Team und untersagen Sie es Ihrem Team per Dienstanweisung, personenbezogene Daten von Kindern und Eltern und Fotos aus der Kita am heimischen PC zu bearbeiten.

2.4 Aufbewahrungsfristen & Vernichtung von personenbezogenen Daten

Personenbezogene Daten dürfen Sie nur so lange aufbewahren, wie es der Zweck der Erhebung erfordert. Die für Ihre Kita geltenden Aufbewahrungsfristen sollten Sie bei Ihrem Träger verbindlich erfragen. Sind diese Fristen abgelaufen, müssen die Daten vernichtet werden. Das gilt auch, wenn der Betroffene die Löschung seiner Daten von Ihnen verlangt. Hierauf hat er grundsätzlich einen Rechtsanspruch. Die Daten dürfen Sie trotz eines Löschungsverlangens nur weiter speichern, wenn die gesetzlichen Aufbewahrungsfristen noch nicht abgelaufen sind.

Die Aufbewahrung von Daten wird bei den verschiedenen Trägern sehr unterschiedlich gehandhabt. Halten Sie sich hier unbedingt an die Vorgaben Ihres Vorgesetzten. Dann sind Sie rechtlich auf der sicheren Seite.

PRAXISTIPP

Im Kita-Alltag müssen Sie ganz unterschiedliche Löschfristen beachten. Da kann man bei der Aufbewahrung und Vernichtung von Daten schnell den Überblick verlieren. Darum ist es sinnvoll, auf jeder Akte, die Sie nicht mehr benötigen, z. B. weil ein Kind die Kita verlässt, direkt zu vermerken, wann diese zu vernichten ist. Dann können Sie in Ihrem Archivraum die Akten nach den Aufbewahrungsfristen ordnen und für eine fristgerechte Vernichtung sorgen.

Akten, die personenbezogene Daten enthalten, müssen Sie immer so vernichten, dass diese wirklich nicht mehr rekonstruierbar sind. Leider zeigt meine Erfahrung, dass die Aktenvernichtung in Kitas nicht immer mit der notwendigen Sorgfalt durchgeführt wird.

PRAXISTIPP

Für die ordnungsgemäße Aktenvernichtung im Kita-Alltag lohnt sich die Anschaffung eines Aktenvernichters, der mindestes die Anforderungen der Sicherheitsstufe 4 der DIN-Norm 66399 erfüllt. Die Aktenvernichter-Aufsätze für den Papierabfallkorb, die Sie häufig bei Discountern angeboten bekommen, sind für die Kita in keinem Fall geeignet, da sie diesen Sicherheitsanforderungen nicht gerecht werden.

Wenn Sie sich selbst nicht die Mühe machen wollen, die Unterlagen durch einen Aktenvernichter zu schicken, gibt es Fachfirmen, die dies professionell übernehmen. Vielleicht hat Ihr Träger ja hierzu einen Rahmenvertrag abgeschlossen. Es lohnt sich hier nachzufragen.

Bis zur Abholung werden die Akten dann in speziell gesicherten Boxen gelagert, um sie vor dem Zugriff Unbefugter zu schützen. Ihr Träger erhält dann einen Nachweis von der Firma, aus dem sich ergibt, dass die Akten ordnungsgemäß vernichtet wurden.

Bei Daten, die auf dem Computer gespeichert wurden, genügt es nicht, diese einfach aus dem jeweiligen Verzeichnis zu löschen. Wer schon mal einen Daten-Crash hatte, weiß, dass auf der Festplatte noch ganz Erstaunliches gespeichert ist, das rekonstruiert werden kann.

Holen Sie sich für die Datenlöschung die Hilfe eines Computerspezialisten bzw. beauftragen Sie hiermit Ihren Datenschutzbeauftragten. So können Sie sichergehen, dass zu löschende Daten wirklich von der Festplatte verschwinden. Auch bei „Alt-Akten", die Sie noch aufbewahren müssen, gelten die datenschutzrechtlichen Vorschriften ohne Einschränkung. Diese Akten müssen also so aufbewahrt werden, dass der Zugriff unbefugter Dritter ausgeschlossen ist.

Rechtssicherer Umgang mit Gesundheitsdaten von Mitarbeitern

Im Alltag in Ihrer Kita verarbeiten Sie häufig auch Gesundheitsdaten Ihrer Mitarbeiter. Die EU-DSGVO verschärft die Vorgaben, wie Sie mit solchen Informationen umgehen müssen.

PRAXISBEISPIEL

Larissa Berger leitet die Kita „Spatzennest". Eine ihrer Mitarbeiterinnen hat sich vor 2 Jahren häufig krankgemeldet. In einem Gespräch mit der Leitung zum betrieblichen Eingliederungsmanagement berichtet sie, dass sie unter Depressionen leidet und sich deshalb auch in psychiatrischer Behandlung befindet. Als nach einer gewissen Zeit diese Krise überwunden ist, gehen die häufigen Kurzerkrankungen auf ein normales Maß zurück. Schließlich bewirbt sie sich um die Stelle als stellvertretende Kita-Leitung. Der Träger entscheidet sich aber für eine Bewerberin von außen. Als die Kollegin bei Frau Berger nachfragt, woran es denn gelegen hat, meint die Leitung, der Träger wolle keine psychisch kranken Mitarbeiter in Führungspositionen.

Gesundheitsdaten sind besonders schutzwürdig

Besonders schutzwürdige personenbezogene Daten dürfen nach den Vorgaben des Art. 9 EU-DSGVO nicht erhoben werden. Zu diesen Daten gehören auch Gesundheitsinformationen, die Mitarbeiter Ihnen im Rahmen des betrieblichen Eingliederungsmanagements (BEM) offenbaren. Etwas anderes gilt nur, wenn besonders strenge Anforderungen an die Datenverarbeitung erfüllt sind.

Verspielen Sie kein Vertrauen

Machen Sie sich bewusst, dass gerade im Rahmen des BEM sehr sensible Daten Ihrer Mitarbeiter auf den Tisch kommen. Stellen Sie sicher, dass mit diesen Informationen auch wirklich verantwortlich umgegangen wird. Denn wenn so etwas passiert wie im Praxisbeispiel, verstößt das nicht nur gegen datenschutzrechtliche Vorgaben.

Es zerstört auch das Vertrauen aller Mitarbeiter in das durchaus sinnvolle Instrument des BEM. Sie müssen damit rechnen, dass die Mitarbeiter entweder gar nicht mehr an diesen Gesprächen teilnehmen oder nicht mehr offen mit Ihnen reden. Das wäre wirklich schade.

Sorgen Sie dafür, dass BEM-Daten wirklich entsprechend den gesetzlichen Vorgaben behandelt werden und z. B. bei weiteren Personalentscheidungen außen vor bleiben. Denn wenn das Gegenteil herauskommt, kann das für Ihren Träger hohe Bußgelder nach sich ziehen. Es kann auch passieren, dass Ihre Mitarbeiter Schadenersatzforderungen stellen. Außerdem ist der Vertrauensverlust, der mit einem solchen Vorgang im Gesamt-Team einhergeht, nicht zu unterschätzen. Vollziehen Sie beim Umgang mit BEM-Daten die folgenden Schritte nach.

So gehen Sie mit BEM-Daten Ihrer Mitarbeiter EU-DSGVO-konform um	
Schritt	**So setzen Sie die Vorgaben konkret im Rahmen des BEM um**
1. Schärfen Sie Ihr Bewusstsein für die Bedeutung des Datenschutzes im Rahmen des BEM.	• Behalten Sie im Hinterkopf, dass Mitarbeiter Ihnen im Rahmen des BEM extrem persönliche Informationen, die datenschutzrechtlich ganz besonders geschützt sind, anvertrauen. • Machen Sie sich bewusst, dass diese Informationen, wenn Sie in die falschen Hände geraten oder außerhalb des BEM verwandt werden, dem Mitarbeiter extrem und nachhaltig schaden können.
2. Legen Sie den Zweck der Datenerhebung von Gesundheitsdaten im Rahmen des BEM genau fest.	• Gesundheitsinformationen über Mitarbeiter dürfen Sie nur für den Zweck nutzen, für den Sie die Daten auch erhoben haben. • Legen Sie im Rahmen des BEM ganz genau und detailliert fest, wofür Sie die Gesundheitsdaten des Mitarbeiters erheben. Zweck des BEM ist es, zu analysieren, ob es zwischen der Erkrankung des Mitarbeiters und dem Arbeitsplatz einen Zusammenhang gibt und ob Sie etwas tun können, um den Mitarbeiter zu unterstützen, damit Fehlzeiten sich zukünftig reduzieren und der Arbeitsplatz erhalten bleibt. • Nur für diesen Zweck dürfen die Gesundheitsdaten erhoben werden.
3. Holen Sie die Einwilligung des Mitarbeiters ein.	• Gesundheitsdaten dürfen Sie im Rahmen des BEM nur erheben, wenn der Mitarbeiter dem ausdrücklich zustimmt. • Eine solche Einwilligungserklärung ist nur wirksam, wenn der Mitarbeiter weiß, zu welchem Zweck die Gesundheitsdaten erhoben, wo sie gespeichert, wann sie gelöscht werden und wer Kenntnis von ihnen erlangt.
4. Verwahren Sie BEM-Gesundheitsdaten sicher.	• Achten Sie darauf, dass Gesundheitsdaten, die Sie im Rahmen des BEM erheben, so aufbewahrt werden, dass Unbefugte keinen Zugang hierzu haben. • Gesundheitsdaten aus dem BEM gehören nicht in die Personalakte des Mitarbeiters, sondern in einen gesonderten Ordner. • Halten Sie diesen Ordner unter Verschluss, z. B. in einem abgeschlossenen Aktenschrank. • Speichern Sie solche Daten im Computer, müssen Sie für einen Passwortschutz und eine Verschlüsselung sorgen.
5. Löschen Sie Gesundheitsdaten, die Sie im Rahmen des BEM erheben.	• Löschen Sie die Gesundheitsdaten, die Sie im Rahmen des BEM erheben, wenn Sie diese nicht mehr benötigen, d. h. wenn das BEM abgeschlossen ist.

3. Rechtssicherer Umgang mit personenbezogenen Daten im Kita-Alltag

Im Alltag in Ihrer Kita gehen Sie und Ihr Team tagtäglich mit personenbezogenen Daten von Kindern und Eltern um. Die Verantwortung für die Einhaltung der datenschutzrechtlichen Vorgaben liegt dabei bei Ihnen als Kita-Leitung. Damit Ihre Mitarbeiter keine Fehler im Rahmen des Datenschutzes machen, sollten Sie sie für datenschutzrelevante Vorgänge im Kita-Alltag sensibilisieren und genau unterweisen. So können Sie „Datenlecks" vermeiden.

3.1. Vertraulichkeitsverpflichtung aller Mitarbeiter

Da Ihre Mitarbeiter, Praktikanten und ehrenamtlichen Helfer Zugriff auf personenbezogene Daten von Kindern und Eltern haben, sollten Sie bzw. Ihr Träger sicherstellen, dass alle verantwortlich und vertraulich mit diesen Informationen umgehen. Das heißt für Sie:

- Sie müssen Ihr gesamtes Team zum vertraulichen Umgang mit personenbezogenen Daten verpflichten.
- Sie müssen dies schriftlich dokumentieren.

§ Durch die EU-DSGVO wird der bisher im BDSG (alt) verwandte Begriff des „Datengeheimnisses" durch den Begriff der „Vertraulichkeit" ersetzt. Diese muss nach der EU-DSGVO sichergestellt werden. Wie das zu geschehen hat, wird weitestgehend offengelassen. In Art. 39 Abs. 1b EU-DSGVO ist allerdings geregelt, dass Sie Ihre Mitarbeiter für den Datenschutz sensibilisieren, schulen und so den vertraulichen Umgang mit Daten sicherstellen müssen

Praktisch heißt das für Sie: Sie sollten alle Personen, die in Ihrer Kita Daten erheben oder mit personenbezogenen Daten von Kindern und deren Familien oder von Mitarbeitern in Berührung kommen, zur Vertraulichkeit verpflichten. Hierbei können Sie auf das Muster auf Seite 46 zurückgreifen. Wenn Sie dieses dann mit Ihren Mitarbeitern z. B. in einer Team-Sitzung besprechen, haben Sie die Mitarbeiter ordnungsgemäß sensibilisiert, geschult und können dies mit der Unterschrift der Mitarbeiter unter die Vertraulichkeitserklärung auch nachweisen.

Diese Verpflichtung zur Vertraulichkeit und zur Wahrung des Datenschutzes sollte erfolgen bei:

- allen Mitarbeitern, die in der Kita arbeiten und einen Arbeitsvertrag mit Ihrem Träger haben
- Mitarbeitern von Zeitarbeitsfirmen
- Praktikanten
- ehrenamtlichen Helfern
- Eltern, die in der Kita hospitieren
- Eltern, die sich in der Eingewöhnung längere Zeit in der Kita aufhalten
- Elternvertretern (Elternrat o.ä.)
- Honorarkräften
- FSJlern, BufDis
- 1 €-Kräften

Wichtig! Passen Sie Ihre bestehenden Verschwiegenheitsverpflichtungen jetzt der neuen Rechtslage an. Das heißt: Machen Sie das Thema „Datenschutz" zum Thema im Groß-Team und lassen Sie sich die neue Vertraulichkeitserklärung von allen oben genannten Personen unterzeichnen. Haben Sie das erledigt, müssen Sie nur noch bei Neueinstellungen und bei Eltern an diese lästige Pflicht denken.

Muster: Vertraulichkeitsverpflichtung und Verpflichtung zur Wahrung des Datenschutzes in der Kita

Sehr geehrte Frau Schneider,

da Sie im Rahmen Ihrer Tätigkeit in unserer Kita mit personenbezogenen Daten von Kindern, Eltern und anderen Kita-Mitarbeitern in Kontakt kommen, verpflichte ich Sie hiermit zur Beachtung des Datenschutzes, insbesondere zur Wahrung der Vertraulichkeit.

Das heißt: Sie dürfen personenbezogene Daten nicht ohne Befugnis verarbeiten und Sie dürfen anderen Personen diese Daten nicht unbefugt mitteilen oder zugänglich machen.

Personenbezogene Daten im Sinne der EU-DSGVO sind alle Informationen, die sich auf eine identifizierte oder identifizierbare natürliche Person beziehen.

Unter einer Verarbeitung versteht die EU-DSGVO jeden Vorgang mit personenbezogenen Daten wie das Erheben, das Erfassen, die Organisation, das Ordnen, die Speicherung, die Anpassung oder Veränderung, das Auslesen, das Abfragen, die Verwendung, die Offenlegung durch Übermittlung, Verbreitung oder eine andere Form der Bereitstellung, den Abgleich oder die Verknüpfung, die Einschränkung, das Löschen oder die Vernichtung. Ihre Verpflichtung zur Vertraulichkeit und zur Wahrung des Datenschutzes besteht ohne zeitliche Begrenzung und auch nach Beendigung Ihrer Tätigkeit fort.

Unter Geltung der DSGVO können Verstöße gegen Datenschutzbestimmungen mit Freiheits- oder Geldstrafe geahndet werden. Datenschutzverstöße stellen außerdem eine Verletzung Ihrer arbeitsrechtlichen Pflichten dar. Sie müssen daher mit entsprechenden Konsequenzen rechnen.

Datenschutzverstöße können für den Träger der Kita zu sehr hohen Bußgeldern führen, die gegebenenfalls zu Ersatzansprüchen Ihnen gegenüber führen können.

Neustadt, 25.05.2018	Susanne Hansen
Ort, Datum	Unterschrift Kita-Leitung

Über die Verpflichtung auf das Datengeheimnis und die sich daraus ergebenden Verhaltensweisen wurde ich durch die Kita-Leitung unterrichtet. Das Merkblatt zur Verpflichtungserklärung mit dem Abdruck der hier genannten Vorschriften habe ich erhalten. Ich verpflichte mich hiermit, mich an die gesetzlichen Vorgaben zum Datenschutz zu halten und die mir im Rahmen meiner Tätigkeit bekannt werdenden personenbezogenen Daten vertraulich zu behandeln. Diese Verpflichtung gilt auch nach Beendigung meiner Tätigkeit für die Kita.

Neustadt, 25.05.2018	Lisa Schneider
Ort, Datum	Unterschrift des Mitarbeiters

➔

Merkblatt zum Datengeheimnis
Art. 4 EU-DSGVO – Begriffsbestimmungen
Im Sinne dieser Verordnung bezeichnet der Ausdruck:

1. „personenbezogene Daten" alle Informationen, die sich auf eine identifizierte oder identifizierbare natürliche Person (im Folgenden „betroffene Person") beziehen; als identifizierbar wird eine natürliche Person angesehen, die direkt oder indirekt, insbesondere mittels Zuordnung zu einer Kennung wie einem Namen, zu einer Kennnummer, zu Standortdaten, zu einer Online-Kennung oder zu einem oder mehreren besonderen Merkmalen identifiziert werden kann, die Ausdruck der physischen, physiologischen, genetischen, psychischen, wirtschaftlichen, kulturellen oder sozialen Identität dieser natürlichen Person sind;
2. „Verarbeitung" jeden mit oder ohne Hilfe automatisierter Verfahren ausgeführten Vorgang oder jede solche Vorgangsreihe im Zusammenhang mit personenbezogenen Daten wie das Erheben, das Erfassen, die Organisation, das Ordnen, die Speicherung, die Anpassung oder Veränderung, das Auslesen, das Abfragen, die Verwendung, die Offenlegung durch Übermittlung, Verbreitung oder eine andere Form der Bereitstellung, den Abgleich oder die Verknüpfung, die Einschränkung, das Löschen oder die Vernichtung;

Strafvorschriften nach § 42 BDSG-neu
(1) Mit Freiheitsstrafe bis zu drei Jahren oder mit Geldstrafe wird bestraft, wer wissentlich nicht allgemein zugängliche personenbezogene Daten einer großen Zahl von Personen, ohne hierzu berechtigt zu sein,

1. einem Dritten übermittelt oder
2. auf andere Art und Weise zugänglich macht

und hierbei gewerbsmäßig handelt.

(2) Mit Freiheitsstrafe bis zu zwei Jahren oder mit Geldstrafe wird bestraft, wer personenbezogene Daten, die nicht allgemein zugänglich sind,

1. ohne hierzu berechtigt zu sein, verarbeitet oder
2. durch unrichtige Angaben erschleicht

und hierbei gegen Entgelt oder in der Absicht handelt, sich oder einen anderen zu bereichern oder einen anderen zu schädigen.

(3) Die Tat wird nur auf Antrag verfolgt. Antragsberechtigt sind die betroffene Person, der Verantwortliche, die oder der Bundesbeauftragte und die Aufsichtsbehörde.

3.2 Erstellung von Adress- und Telefonlisten

Als Kita dürfen Sie bei der Aufnahme eines Kindes auch die Kontaktdaten der Eltern und sonstigen im Notfall als Ansprechpartner benannten Personen erfragen. Schließlich müssen Sie diese kontaktieren können. Diese Daten erheben Sie zu dem Zweck

- mit den Eltern direkt in Kontakt treten zu können, wenn Ihr Bildungs- und Erziehungsauftrag dies erfordert,
- die Eltern informieren zu können, wenn das Kind während des Kita-Besuchs erkrankt oder einen Unfall erleidet.

Vor diesem Hintergrund sind Sie (Grundsatz der Zweckbindung) nicht berechtigt, die Kontaktdaten in einer Adressliste zusammenzufassen und an die Eltern herauszugeben. Eine solche Liste dürfen Sie nur erstellen, wenn die Eltern dem zugestimmt haben. Dies können Sie auf zwei Wegen erreichen.

1. Sie lassen beim ersten Elternabend im Jahr eine leere Liste herumgehen, in die sich die Eltern eintragen können, wenn sie dies möchten. Eine solche Liste können Sie auch aushängen. Wer sich dort einträgt, erteilt damit gleichzeitig seine Einwilligung, dass die Liste kopiert und an die übrigen Eltern verteilt wird, wenn Sie dies vorher so kommuniziert haben.

2. Sie holen bei Aufnahme des Kindes die schriftliche Einwilligung der Eltern ein, eine solche Liste erstellen und verteilen zu dürfen. Mit dieser Variante haben Sie die Gewähr, dass Sie alle Eltern erreichen. Denn die Erfahrung zeigt, dass lange nicht alle Eltern an Elternabenden teilnehmen. Allerdings ist dies auch, zumindest bei größeren Einrichtungen sehr aufwendig, da dies bedeutet, dass Sie sich jährlich hinsetzen und die Liste aktualisieren müssen.

Muster: Einwilligungserklärung zur Erstellung einer Adressliste

Liebe Eltern,

wir möchten für unsere Kita eine Telefon- und Adressliste erstellen, um mittels Telefonkette oder E-Mai-Verteiler Informationen kurzfristig an Sie weiterzugeben. Diese Liste soll die Namen und Vornamen des Kindes sowie die Telefonnummer, Adresse und E-Mail-Adresse der Eltern enthalten. Diese Übersicht möchten wir allen Eltern der Kita zur Verfügung stellen. Hierfür benötigen wir Ihr Einverständnis.

Die Aufnahme in diese Liste ist freiwillig. Ihr Einverständnis können Sie jederzeit für die Zukunft widerrufen, ohne dass Ihnen oder Ihrem Kind hierdurch ein Nachteil entsteht.

Johanna Berger
Unterschrift Kita-Leitung

---✂---

Hiermit erklären wir uns damit einverstanden, dass

☐ der Name unseres Kindes,

☐ unsere Anschrift,

☐ Telefonnummer,

☐ Mobilfunknummer

☐ E-Mail-Adresse

(Daten, die nicht veröffentlicht werden sollen, bitte streichen)

im Rahmen der Adressliste der Kita unseres Kindes an die anderen Eltern der Kita herausgegeben wird.

Neustadt, 05.05.2018	Lara Meier Norbert Meier
Ort, Datum	Unterschrift Eltern

WICHTIGER HINWEIS

Die private Telefonnummer Ihrer Mitarbeiter dürfen Sie an Eltern nur herausgeben, wenn der Mitarbeiter dem zustimmt. Die Eltern können ja mit dem jeweiligen Mitarbeiter einen Gesprächstermin in der Kita vereinbaren.

Nicht nur die Telefonnummer, sondern auch
- Privatadresse,
- E-Mail-Adresse,
- Handynummer und
- Geburtsdatum

Ihrer Mitarbeiter unterliegen dem Datenschutz und dürfen nur dann an Eltern und die anderen Team-Mitglieder weitergegeben werden, wenn der Betroffene hierzu im Vorfeld sein Okay gegeben hat. Verweigert er seine Zustimmung, müssen Sie dies akzeptieren. Der Mitarbeiter darf hierdurch keine Nachteile haben.

3.3 Datenschutz bei Bildungsdokumentation und Portfolio

In den Kita-Gesetzen aller Bundesländer ist festgelegt, dass Sie verpflichtet sind, über die Entwicklung der Kinder in Ihrer Kita systematische Beobachtungen anzustellen und diese zu dokumentieren. Dies ergibt sich z. B. aus § 2 Abs. 1 KitaG Rheinland-Pfalz.

PRAXISBEISPIEL

Lara besucht seit 2 Jahren die Kita „Sonnenland". Ihre Mutter ist der Meinung, dass ihre Tochter in der Kita nicht genügend gefördert wird. Sie möchte daher Einblick in die Bildungs- und Entwicklungsdokumentation ihrer Tochter nehmen und sich die Notizen und Beobachtungen der Erzieherinnen in Ruhe ansehen. Die Leitung meint, dass sie gerne bereit sei, mit ihr ein sogenanntes „Entwicklungsgespräch" zu führen. Einblick in die Bildungsdokumentation und die Notizen der Erzieherinnen könne sie ihr nicht gewähren.

Wenn Sie über die Kinder in Ihrer Einrichtung solche Beobachtungen anstellen und diese in der Regel dokumentieren, erheben Sie personenbezogene Daten.

Da diese Beobachtungen Teil Ihres gesetzlich geregelten Erziehungs- und Bildungsauftrags sind, ist die Datenerhebung hierdurch gerechtfertigt, ohne dass es einer Einwilligung der Eltern bedarf. Sie dürfen nach einigen Kita-Gesetzen, so z. B. § 13b KiBiz NRW, Ihre Beobachtungen aber nur dann dokumentieren, wenn die Eltern dem schriftlich zustimmen. Daher sollten Sie schon bei der Aufnahme hierauf achten und die schriftliche Zustimmung der Eltern hierzu einholen.

Die im Rahmen der Bildungs- und Entwicklungsdokumentation erlangten Informationen müssen ganz besonders sensibel behandelt werden und dürfen – ohne Zustimmung der Eltern – weder weitergegeben noch mit Dritten, z. B. mit der Grund- schule, diskutiert oder diesen zugänglich gemacht werden.

Erklären Sie den Eltern bereits im Aufnahmegespräch, was und wie Sie dokumentieren, welchen Hintergrund das hat und wer Zugriff auf die in der Dokumentation festgehaltenen Informationen hat. Erklären Sie den Eltern, dass in die Dokumentation nur die Kita und die Eltern Einblick haben und dass Dritte, z. B. die zukünftige Schule des Kindes, auf diese Informationen keinen Zugriff haben. Das wird die Eltern im Regelfall beruhigen. Die allermeisten stimmen der Dokumentation dann auch problemlos zu.

Für das Informationsgespräch und die Einwilligungserklärung der Eltern können Sie auf das folgende Muster zurückgreifen und dies an die Bedürfnisse Ihrer Kita anpassen.

Muster: Elterninformation & Einwilligungserklärung zur Bildungsdokumentation in der Kita

Liebe Eltern,

wir als Kita haben neben der Betreuungsaufgabe einen eigenständigen Erziehungs- und Bildungsauftrag. Die Förderung der Persönlichkeitsentwicklung jedes Kindes ist hierbei von zentraler Bedeutung. Ihr Kind soll sich bei uns wohlfühlen und sich nach seinen Fähigkeiten bestmöglich entwickeln. Um diese Entwicklung erfolgreich zu fördern, ist es erforderlich, das Ver- halten Ihres Kindes, sein Handeln, sein Spiel, seine Bewegung und seine Sprache gezielt zu beobachten und diese Beobachtungen auch festzuhalten.

Auf Grundlage dieser Dokumentation erhalten die pädagogischen Fachkräfte Einblick in die individuellen Fortschritte Ihres Kindes. Dies ermöglicht eine auf Ihr Kind abgestimmte Unterstützung weiterer Bildungsschritte. Die Dokumentation bildet auch die Grundlage von Entwicklungsgesprächen mit Ihnen.

Diese Dokumentation stellt eine Datenerhebung im Sinne der §§ 64 ff. SGB VIII dar. Sie erfolgt nur, wenn Sie uns Ihr Einverständnis schriftlich erteilen. Wenn Ihr Kind die Einrichtung verlässt, bekommen Sie die Bildungsdokumentation ausgehändigt. Falls Sie dies nicht wünschen, werden die Daten von Seiten der Kita gelöscht. Auf die Bildungs- und Entwicklungsdokumentation haben nur Sie als Erziehungsberechtigte und die Mitarbeiter der Kita Zugriff. Sie können Ihre Einwilligung zur Bildungsdokumentation jederzeit für die Zukunft widerrufen und die Löschung der bisher erhobenen Daten verlangen. Sie oder Ihr Kind haben hierdurch natürlich keine Nachteile.

Sind Sie mit der Datenerhebung zum Zwecke der Erstellung einer Bildungs- und Entwicklungsdokumentation einverstanden, geben Sie bitte das unten stehende Formular in der Gruppe Ihres Kindes ab.

Mit freundlichen Grüßen

Clara Naumann
Kita-Leitung

Luise Meier — geboren 07.12.2016
Name des Kindes — Geburtsdatum

Wir sind damit einverstanden, dass die pädagogischen Fachkräfte der Kita „Sonnenland" die Beobachtungen zur Entwicklung unseres Kindes im Rahmen einer Bildungs- und Entwicklungsdokumentation festhalten.

Wir wurden darüber informiert, dass wir die Dokumentation der Bildungsentwicklung unseres Kindes jederzeit ablehnen oder die einmal erteilte Einwilligung widerrufen können. Unserem Kind entstehen durch die Ablehnung oder den Widerruf der Einwilligung keine Nachteile.

➔

Uns ist bekannt, dass wir jederzeit die Dokumentation einsehen können. Ohne unsere ausdrückliche Zustimmung werden Informationen aus der Dokumentation nicht an Dritte, z. B. an die Frühförderstelle oder an Lehrkräfte der zukünftigen Grundschule, weitergegeben.

Wenn unser Kind die Kita verlässt, erhalten wir die Dokumentation ausgehändigt. Wir können dann darüber entscheiden, ob wir die Dokumentation an die Grundschule unseres Kin- des weitergeben.

☒ Wir sind mit der Dokumentation der Beobachtung der Bildungsentwicklung unseres Kindes einverstanden.

☐ Wir lehnen eine Dokumentation der Bildungsentwicklung unseres Kindes ab.

Neuburg, 17.06.2018	Johanna Meier Markus Meier
Ort, Datum	Unterschrift der Eltern

Sorgen Sie für eine datenschutzrechtlich einwandfreie Aufbewahrung der Bildungsdokumentationen

Da Bildungsdokumentationen sensible personenbezogene Daten über Eltern und Kinder enthalten, müssen diese Daten vor dem Zugriff Unbefugter, z. B. anderer Eltern, geschützt werden.

Daher ist es nicht zulässig, dass die Bildungsdokumentationen offen und für jeden zugänglich in den Gruppenräumen aufbewahrt werden.

Die Dokumentationen müssen entweder
- im Gruppenraum in einem abschließbaren Schrank oder
- im Personalraum oder
- im Leitungsbüro aufbewahrt werden,

sodass Unbefugte hierauf keinen Zugriff haben. Speichern Sie die Dokumentation z. B. auf dem Laptop im Gruppenraum, müssen Sie für diese Daten ein besonderes Benutzerkonto anlegen und es mit einem Passwort schützen, sodass neugierige Eltern hierauf keinen Zugriff haben.

Bildungsdokumentation darf kitafremden Personen nicht zugänglich gemacht werden

Die Bildungsdokumentation dient dazu, die Entwicklung des Kindes in der Kita zu beobachten, zu dokumentieren und zu analysieren. Aus dieser Analyse sollten sich Anhaltspunkte für die weitere Arbeit in der Einrichtung mit dem Kind und für die

Zusammenarbeit mit dem Elternhaus ergeben. Die Dokumentation dient also zum einen kitainternen Zwecken, zum anderen aber auch als Gesprächsgrundlage für die Entwicklungsgespräche mit den Eltern. Nur für diesen Zweck haben Sie diese Daten erhoben und dürfen sie damit auch nur hierfür verwenden.

Im Klartext heißt das: Sie sind nicht berechtigt, die Unterlagen über das Kind – ohne vorherige Einwilligung der Eltern – Dritten zugänglich zu machen. Dies gilt auch für die Zusammenarbeit mit der Grundschule, dem Jugendamt oder der Frühförderstelle. Die Bildungsdokumentationen dürfen nur mit ausdrücklicher Zustimmung der Eltern weitergegeben werden. Diese müssen im Einzelfall konkret wissen, wer welche Information über ihr Kind bekommt.

Verlässt ein Kind die Einrichtung, sei es wegen Umzugs oder Schuleintritts, ist der Zweck der Bildungsdokumentation erfüllt. Sie benötigen diese Unterlagen nicht mehr.

Daher sollten Sie diese Unterlagen an die Eltern herausgeben und müssen – und dürfen – sich hiervon keine Kopie machen. Die Eltern können dann selbst entscheiden, was sie damit machen. Wollen sie die Unterlagen nicht mitnehmen, sind Sie verpflichtet, die Dokumentation zu vernichten. Und zwar so, dass die Daten nicht mehr rekonstruiert werden können. Das gilt auch für Bildungsdokumentationen, die Sie am Computer führen.

Sie müssen die Unterlagen daher einem Aktenvernichter zuführen und dürfen diese nicht einfach in die Papiertonne werfen. Vom Computer müssen die Daten endgültig gelöscht werden.

Ein einfaches Verschieben in den Papierkorb genügt nicht. Die Daten müssen tatsächlich von der Festplatte gelöscht werden. Lassen Sie sich hierbei von Ihrem Systemadministrator helfen, wenn Sie nicht wissen, wie das geht.

Datenschutzrechtlich einwandfreier Umgang mit Portfolios

Auch wenn Sie mit Portfolios arbeiten, müssen Sie sicherstellen, dass die in diesem Zusammenhang erhobenen Daten Unbefugten nicht offen zugänglich sind.

Dies ist insofern problematisch, als die Portfolioarbeit davon lebt, dass die Kinder jederzeit Zugriff auf ihr Portfolio haben, hieran arbeiten und es z. B. ihren Eltern zeigen können. An diesem Konzept müssen Sie auch im Grundsatz nichts ändern. Sie sollten allerdings auf Folgendes achten:

1. Kinder lernen, dass sie grundsätzlich nur in ihr eigenes Portfolio sehen dürfen und dass in den Ordnern der anderen Kinder nur dann geblättert wird, wenn der Eigentümer zustimmt.
2. Eltern verpflichten sich, nur in das Portfolio ihres Kindes zu sehen und keinen Einblick in die Arbeiten anderer Kinder zu nehmen.
3. Pädagogische Fachkräfte bewahren Beobachtungen, die über die Arbeiten des Kindes hinausgehen, gesondert in der Bildungsdokumentation und nicht im Portfolio auf.
4. Bevor Sie in Portfolios Fotos von Kindern verwenden, holen Sie die schriftliche Zustimmung der Eltern ein, dass die Kinder für die Portfolio-Arbeit fotografiert werden dürfen und die Fotos auch in Portfolios anderer Kinder verwendet werden dürfen. Bei der Formulierung einer solchen Einwilligungserklärung können Sie auf das Muster auf Seite 60 dieser Broschüre zurückgreifen.

3.4 Datenschutz & Videoaufnahmen in Kitas

Viele Kitas haben mit Vandalismus, insbesondere auf dem Außengelände, aber auch mit Diebstählen und Einbrüchen zu kämpfen. Da liegt der Gedanke nahe, dem mit Videoüberwachung entgegenzutreten. Dies aus 2 Gründen:
1. Abschreckung
2. Aufklärung von Straftaten und Übergriffen

Obwohl die Vorteile scheinbar auf der Hand liegen, muss man im Hinterkopf behalten, dass bei einer Videoüberwachung überwiegend Unschuldige aufgenommen werden. Eine solche Videoüberwachung stellt einen massiven Eingriff in die Grundrechte der Betroffenen dar. Beeinträchtigt werden
- das Recht auf informationelle Selbstbestimmung,
- das allgemeine Persönlichkeitsrecht,
- die Menschenwürde,
- das Recht am eigenen Bild.

Gleichwohl lassen die Datenschutzgesetze der Bundesländer eine Videoüberwachung von öffentlich zugänglichen Räumen auf dem Kita-Gelände grundsätzlich zu.

Voraussetzung ist, dass die Videoüberwachung
- der Wahrnehmung des Hausrechts oder einer konkreten Gefahr dient,
- zur Erfüllung der Aufgaben öffentlicher Stellen erforderlich ist,
- die schutzwürdigen Interessen der Betroffenen nicht überwiegen.

Es muss geprüft werden, ob andere Maßnahmen zum Schutz von Kindern, Mitarbeitern und Kita-Eigentum auch erfolgversprechend sind, ohne so massiv in die Grundrechte Unbeteiligter einzugreifen.

Überwacht werden dürfen alle öffentlich zugänglichen Räume Ihrer Kita, z. B. das Außengelände, der Eingangsbereich, Flure, und Treppenhäuser. Nicht erlaubt ist die Videoüberwachung in Toiletten, Wickelräumen, Gruppen- und Schlafräumen, in Umkleideräumen und im Personalraum.

Sorgen Sie für die Sicherheit der Aufzeichnungen

Videoüberwachung kann auf zweierlei Art und Weise erfolgen:

1. **Monitoring:** Hierbei dient die Kamera letztlich als „verlängertes Auge". Das heißt, es werden keine Aufzeichnungen gemacht, das Bild der Kamera wird direkt auf einen Bildschirm z. B. im Büro des Hausmeisters übertragen, der dann eingreifen kann, wenn dies notwendig ist.
2. **Videoaufnahmen:** Die Aufnahmen werden aufgezeichnet. Hierbei müssen Sie darauf achten, dass das Videomaterial sicher vor dem Zugriff Dritter aufbewahrt wird. Außerdem müssen die Aufzeichnungen vernichtet werden, wenn sich nach Auswertung keine Anhaltspunkte für eine Straftat ergeben.

Beachten Sie Ihre Hinweispflicht

Setzen Sie auf Ihrem Kita-Gelände auf Videoüberwachung, müssen Sie hierauf durch entsprechende Warnschilder hinweisen. Die EU-DSGVO regelt die Videoüberwachung nicht ausdrücklich. Ebenfalls ist dort nicht ausdrücklich geregelt, ob auf die Videoüberwachung hingewiesen werden muss.

Wegen der oben beschriebenen massiven Eingriffe in die Grundrechte der bei Ihnen betreuten Kinder, Eltern und Mitarbeiter, rate ich Ihnen, nach wie vor auf die Videoüberwachung hinzuweisen. Diese Verpflichtung ergibt sich auch aus der deutschen nationalen Gesetzeslage auf Bundes- und Landesebene. Die Erfahrung zeigt außerdem, dass allein der Hinweis auf eine Videoüberwachung genügt, um z. B. Vandalismus einzudämmen.

Meine Empfehlung: Der Letzte schaltet die Kamera an

Einbrüche und Vandalismus finden in der Regel in der Nacht oder zu Zeiten statt, in denen die Kita geschlossen ist. Häufig genügt es, die Videokameras erst dann anzuschalten, wenn Kinder und Mitarbeiter das Haus verlassen haben. Dann ist die Beeinträchtigung von Kindern, Eltern und Mitarbeitern minimal und der Effekt der Überwachung kann trotzdem voll zum Tragen kommen.

Zutrittskontrolle durch Videogegensprechanlage

Die Türen von Kitas sollten nach der Bringzeit von außen geschlossen und nur geöffnet werden, wenn man sich vorher davon überzeugt hat, wer in die Kita möchte. In solchen Situationen kann es sinnvoll sein, die Klingelanlage mit einem Videobildschirm zu koppeln, sodass z. B. die Kita-Leitung via Bildschirm entscheiden kann, ob sie die Tür öffnet oder nicht.

Auch bei solchen Anlagen sollte auf die Videoüberwachung mit einem Hinweisschild aufmerksam gemacht werden. Ansonsten ist diese Form der Videoüberwachung eher unproblematisch, da hier die Sicherheit der Kita klar im Vordergrund steht und die Kinder von der Überwachung nicht tangiert werden, zumal die Videokamera nicht aufzeichnet, sondern nur das Bild der Person, die vor der Tür steht.

Babyfon mit Videoüberwachung

Viele Kitas setzen bei der Schlafwache im Kleinkind-Bereich auf Babyfons, die mit einer Kamera ausgestattet sind. Diese überträgt Bilder vom Schlafraum auf einen Monitor im Gruppenraum. Die Bilder werden in aller Regel nicht aufgezeichnet. Dennoch sollten Sie, wenn Sie Babyfons mit Überwachungskameras verwenden, die Eltern hierüber informieren und deren schriftliches Einverständnis hierzu einholen. Hierbei können Sie auf das Muster auf Seite 59 zurückgreifen.

Videoaufnahmen im Kita-Alltag

Videoaufnahmen waren vor einigen Jahren noch eine aufwendige Angelegenheit. Inzwischen kann man sie problemlos mit jedem Smartphone bewerkstelligen. Daher stellt sich auch im Kita-Alltag immer häufiger die Frage, ob und unter welchen Voraussetzungen Sie und Ihre Mitarbeiter Kinder filmen dürfen.

Videoaufnahmen von Kindern sind eine Datenerhebung im Sinne der EU-DSGVO. Da es keine gesetzliche Grundlage gibt, die es Ihnen erlaubt, Kinder in der Kita zu filmen, sind Videoaufnahmen im Kita-Alltag nur erlaubt, wenn die Eltern der Kinder dem im Vorfeld zugestimmt haben.

Außerdem unterliegt die Veröffentlichung von Videoaufnahmen dem Recht am eigenen Bild. Dieses ist in § 22 Kunsturhebergesetz (KunstUrhG) geregelt.

Bevor Sie bzw. Ihre Mitarbeiter oder Praktikanten also das Smartphone zücken und Videos von den Kindern in Ihrer Kita drehen, sollten Sie die schriftliche Einwilligung der Eltern einholen. Ein Muster für eine wirksame Einwilligungserklärung für Videoaufnahmen finden Sie auf der nächsten Seite. Wichtig ist, dass die Eltern wissen, worum es bei dieser Einwilligung geht und wie die Videos von ihren Kindern konkret verwendet werden.

Unabhängig davon, wie Sie die Aufnahmen verwenden wollen, müssen Sie darauf achten, dass mit den Videoaufnahmen nicht der höchstpersönliche Lebensbereich der Kinder verletzt wird. Das heißt konkret: Verzichten Sie auf Videoaufnahmen

- von nackten oder nur leicht bekleideten Kindern, z. B. am Planschbecken,
- vom Wickeln,
- vom Toilettengang,
- vom Umziehen, z. B. zum Turnen,
- von schlafenden Kindern.

Muster: Einwilligungserklärung „Videoaufnahmen in der Kita“

Hiermit erklären wir uns damit einverstanden, dass von unserer Tochter Leni Hausen, geboren am 21.06.2013, während des Besuchs der Kita „Sonnenkäfer“ durch die Mitarbeiter der Einrichtung Videoaufnahmen gemacht werden.

Wir sind damit einverstanden, dass die Aufnahmen, die unser Kind zeigen,

- ☒ zum Zwecke der Entwicklungs- und Bildungsdokumentation unseres Kindes und anderer Kinder verwendet werden,
- ☒ zum Zwecke der Qualitätssicherung der pädagogischen Arbeit in der Kita analysiert und ausgewertet werden,
- ☒ zur Beurteilung des Verhaltens einzelner Kinder einem Kinderpsychologen gezeigt und von diesem bewertet werden,
- ☐ bei Elternabenden und sonstigen Elternveranstaltungen gezeigt werden,
- ☐ von Praktikanten im Rahmen ihrer Abschlussarbeit genutzt und ggf. veröffentlicht werden,
- ☐ vom Träger der Einrichtung auf seiner Homepage eingebunden werden,
- ☐ vom Träger der Kita auf seinem YouTube-Kanal veröffentlicht werden,
- ☐ vom Träger in Werbematerialien, z. B. als Screenshot, verwendet werden.

Diese Einwilligungserklärung können wir jederzeit mit Wirkung für die Zukunft widerrufen.

Uns ist bewusst, dass der Träger der Einrichtung nach Veröffentlichung von Videoaufnahmen im Internet keinen Einfluss auf deren Nutzung und Verbreitung mehr hat und sich diese Aufnahmen nach Veröffentlichung nicht vollständig löschen lassen.

Neustadt, den 24.06.2018	Joachim Hausen Laura Hausen
Ort, Datum	Unterschrift beider Erziehungsberechtigter

3.5 Datenschutz & Fotos im Kita-Alltag

In den meisten Kitas wird viel fotografiert. Die Fotos dienen in erster Linie dazu,
- die Entwicklung der Kinder im Rahmen ihres Portfolios zu dokumentieren,
- die Eltern über die pädagogische Arbeit in der Kita zu informieren, z. B. durch Wandzeitungen,
- den Familien Erinnerungen an die Kita-Zeit mitzugeben.

Hierbei müssen Sie berücksichtigen, dass es sich bei Fotos um personenbezogene Daten handelt. Fotografieren Sie Kinder in der Kita, handelt es sich um eine Datenerhebung.

Da es keine gesetzliche Vorschrift gibt, die Sie berechtigt, Kinder in der Kita zu fotografieren, dürfen Sie und Ihre Mitarbeiter dies nur, wenn die Erziehungsberechtigten dem im Vorfeld schriftlich zugestimmt haben. Ein Muster für eine solche Einwilligungserklärung finden Sie hier.

Lehnen Eltern es grundsätzlich ab, dass ihr Kind in der Kita fotografiert wird, müssen Sie und Ihre Mitarbeiter sich hieran halten.

Muster: Einwilligungserklärungen für das Fotografieren in der Kita

Hiermit gestatten wir den pädagogischen Fachkräften der Kita „Sonnenschein", im Kita-Alltag und bei Kita-Veranstaltungen unsere Tochter Jule Meier zu fotografieren.

Die Fotos werden für die Portfolioarbeit gefertigt und verwandt.

Wir sind damit einverstanden, dass Fotos, auf denen unsere Tochter mit anderen Kindern gemeinsam abgebildet ist, auch im Portfolio dieser Kinder verwendet wird.

Wir sind damit einverstanden, dass die Kita die Fotos unseres Kindes zum Zwecke des Fotodrucks online an den Anbieter verschickt.

Uns ist bekannt, dass wir diese Einwilligungserklärung jederzeit schriftlich mit Wirkung für die Zukunft ohne Angabe von Gründen schriftlich gegenüber der Kita-Leitung widerrufen können, ohne dass dies für uns oder unsere Tochter zu Nachteilen führt.

Neustadt, 15.05.2018	Laura Meier Joachim Meier
Ort, Datum	Unterschrift Eltern

Muster: Einwilligungserklärung zur Veröffentlichungen von Fotos, die in der Kita aufgenommen wurden

Wir sind damit einverstanden, dass unsere Tochter Jule Meier im Rahmen der Öffentlichkeits-/Informationsarbeit der Kita „Sonnenschein" fotografiert und die Fotos unserer Tochter in folgenden Medien veröffentlicht werden:

☒ lokale Presse

☒ Kita-Zeitung

☐ Kita-Wandzeitung/Aushänge in der Kita

☐ Geburtstagskalender in der Kita

☐ Foto-CD/-DVD der Kita, die an die Eltern verteilt wird

Uns ist bekannt, dass wir diese Einwilligungserklärung jeder-zeit mit Wirkung für die Zukunft ohne Angabe von Gründen schriftlich gegenüber der Kita-Leitung widerrufen können, ohne dass dies für uns oder unsere Tochter zu Nachteilen führt.

Neustadt, 15.05.2018	Laura Meier Joachim Meier
Ort, Datum	Unterschrift Eltern

Meine Empfehlung:

Vor der Veröffentlichung von Fotos im Internet, sollten Sie sich jedes Foto gesondert von den Eltern „absegnen" lassen. Ein Muster für eine solche Einwilligungserklärung finden Sie auf Seite 70 dieser Broschüre.

4. Datenschutzrechtlich einwandfreie Internet-Nutzung im Kita-Alltag

Das Internet ist aus unser aller Alltag nicht mehr wegzudenken. Diese Entwicklung hat auch vor den Kitas nicht haltgemacht. Und das ist gut so. Denn die Nutzung des Internets erleichtert den Alltag in vielen Bereichen, verschafft uns leichten Zugang zu vielfältigen Informationsquellen und eröffnet uns ganz neue Möglichkeiten der Kommunikation.

So vielfältig die Möglichkeiten sind, die uns das Internet bietet, so vielfältig sind auch die rechtlichen Fragen, die sich hieraus ergeben. Im folgenden Kapitel finden Sie daher Hinweise zu datenschutzrechtlichen Fragen rund um die Internet-Nutzung im Kita-Alltag.

4.1 Kita-Homepage & Datenschutz

Inzwischen haben viele Kitas eine eigene Homepage. Die Erstellung ist dank verschiedener „Baukasten-Systeme" relativ einfach und die Kosten halten sich im Rahmen. Da viele Eltern sich gerne über das Internet informieren, ist ein eigener Internet-Auftritt sicher eine gute Möglichkeit, die eigene Kita, das pädagogische Konzept, das Team, das Betreuungsangebot und aktuelle Aktivitäten zu präsentieren.

EU-DSGVO macht Verschlüsselung notwendig

Gibt es auf Ihrer Homepage ein Kontaktformular, mit dem Nutzer mit Ihnen Kontakt aufnehmen können, müssen Sie für eine Verschlüsselung der Daten sorgen, damit diese nicht von unbefugten Dritten abgegriffen werden können.

Diese Verpflichtung ergibt sich aus Art. 5 f EU-DSGVO. In dieser Vorschrift ist geregelt, dass personenbezogene Daten so verarbeitet werden müssen, dass eine angemessene Sicherheit gewährleistet ist. Dies bezieht sich auch auf den Schutz vor unbefugter oder unrechtmäßiger Verarbeitung von personenbezogenen Daten, um die Integrität und Vertraulichkeit sicherzustellen. Gefordert wird eine datenschutzgerechte Grundeinstellung der eingesetzten Hard- und Software durch geeignete technische und organisatorische Maßnahmen, mit denen Sie die Daten Ihrer Nutzer wirksam vor dem Zugriff unbefugter Dritter schützen können.

Sie sollten daher darauf achten, dass für Ihr Kontaktformular eine TLS-Verschlüsselung eingebaut wird. Das ist ohne größeren finanziellen Aufwand möglich. Informieren Sie sich z. B. beim Anbieter Ihres Homepage-Baukastens. Dieser bietet sicher eine EU-DSGVO-konforme Lösung an.

Alternativ haben Sie natürlich auch immer die Möglichkeit, auf ein Kontaktformular auf Ihrer Homepage zu verzichten. Interessierte Nutzer können Sie ja über die Angaben im Impressum problemlos per Telefon, E-Mail oder Post kontaktieren.

4.1.1 Denken Sie an eine Datenschutzerklärung

Unterhalten Sie eine Kita-Homepage, sind Sie verpflichtet, Ihre Nutzer über die Erhebung und Verwendung personenbezogener Daten aufzuklären. Das ergibt sich aus § 13 TMG. Diese sogenannte Datenschutzerklärung muss

- vollständig,
- leicht verständlich,
- und auf der Homepage unmittelbar erreichbar sein.

Haben Sie Social-Media-Plugins, also z. B. die „Like-Funktion“ als eine Verbindung zu Facebook auf Ihrer Homepage eingebunden, müssen Sie einen Hinweis hierzu in Ihre Datenschutzerklärung aufnehmen. Ein Muster für eine Datenschutzerklärung finden Sie hier.

Wichtiger Hinweis! Bitte passen Sie diese Muster an die Besonderheiten Ihrer Homepage an. Streichen Sie Passagen, wenn diese für die Homepage Ihrer Kita nicht relevant sind. Ergänzen Sie sie um Elemente, die hier nicht erwähnt sind. Verwenden Sie z. B. Google-Analytics oder ähnliche Tools, müssen Sie hierauf in Ihrer Datenschutzerklärung ebenfalls ausdrücklich hinweisen und über die Speicherung und Verwendung der erhobenen Daten Auskunft geben.

BEISPIEL

Datenschutzerklärung Kita-Homepage

Die Nutzung unserer Seite ist ohne Angabe von personenbezogenen Daten möglich. Für die Nutzung einzelner Angebote unserer Seite können sich hiervon abweichende Regelungen ergeben.

Ihre personenbezogenen Daten, z. B. Name, Anschrift, E-Mail-Adresse, Telefonnummer, werden von uns nur gemäß den Bestimmungen des deutschen und europäischen Datenschutzrechts verarbeitet.

Um personenbezogene Daten handelt es sich bei Einzelangaben über persönliche oder sachliche Verhältnisse, die eindeutig einer bestimmten natürlichen Person zugeordnet werden können. Die rechtlichen Grundlagen finden Sie in der EU-Datenschutzgrundverordnung (EU-DSGVO), dem Bundesdatenschutzgesetz (BDSG), dem Landesdatenschutzgesetz *Rheinland-Pfalz* und dem Telemediengesetz (TMG).

Die folgenden Erklärungen informieren Sie über die Art, den Umfang und Zweck der Erhebung, Nutzung und die Verarbeitung von personenbezogenen Daten durch die *Kita „Sonnenschein“,* vertreten durch die Kita-Leitung Johanna Berger, Bergstraße 15, 12345 Bergstadt, Telefon: 02154-120365, E-Mail: info@kita-sonnenschein.de.

Wir möchten darauf hinweisen, dass die internetbasierte Datenübertragung Sicherheitslücken aufweisen kann. Ein lückenloser Schutz vor Zugriffen durch Dritte kann nicht gewährleistet werden.

1. Speicherung von Serverdaten

Wir speichern aus technischen Gründen die folgenden Daten, die Ihr Internet-Browser an uns bzw. an unseren Webspace-Provider übermittelt (sogenannte Serverlogfiles):

- Browsertyp und -version
- verwendetes Betriebssystem
- Webseite, von der Sie uns besuchen
- Datum und Uhrzeit Ihres Besuchs
- Ihre IP-Adresse

Diese – anonymen – Daten werden getrennt von Ihren eventuell angegebenen personenbezogenen Daten gespeichert. Diese Informationen werden zu statistischen Zwecken ausgewertet, um unsere Internet-Präsenz zu optimieren.

2. Cookies

Auf unserer Homepage werden Cookies verwandt. Cookies sind kleine Textdateien, die Ihr Internet-Browser auf Ihrem Rechner speichert. Sie dienen dazu, unseren

→

Internetauftritt und unsere Angebote zu optimieren. Die meisten dieser Cookies werden nach Ende Ihres Besuchs wieder gelöscht. Sie können die Installation der Cookies durch eine entsprechende Einstellung Ihres Browsers verhindern. Wir weisen darauf hin, dass Sie dann unter Umständen nicht alle Funktionen unserer Homepage vollständig nutzen können.

3. Registrierungsfunktion

Sie können sich auf unserer Seite registrieren. Die hierzu eingegebenen Daten, die aus der Eingabemaske des Registrierungsformulars ersichtlich sind (Name, E-Mail-Adresse, Name des Kindes, Telefon-Nummer) werden ausschließlich für die Verwendung unseres Angebotes erhoben und gespeichert. Mit Ihrer Registrierung speichern wir außerdem Ihre IP-Adresse und Datum und Uhrzeit Ihrer Registrierung. Dies dient in dem Fall, dass ein Dritter Ihre Daten missbraucht und sich ohne Ihr Wissen auf unserer Seite registriert, als Absicherung für uns.

Eine Weitergabe dieser Daten an Dritte erfolgt nicht. Ein Datenabgleich mit anderen Daten, die möglicherweise an anderer Stelle auf unserer Homepage erhoben wurden, erfolgt ebenfalls nicht.

4. Kontakt

Sie können uns über unsere Seite per E-Mail und/oder ein Kontaktformular kontaktieren. In diesem Fall werden Ihre Angaben zum Zwecke der Bearbeitung der Kontaktaufnahme gespeichert. Eine Weitergabe dieser Daten an Dritte erfolgt nicht. Ein Abgleich mit anderen Daten, die möglicherweise an anderer Stelle auf unserer Homepage erhoben wurden, erfolgt ebenfalls nicht.

5. Kommentarmöglichkeit

Sie haben die Möglichkeit, einzelne Einträge auf unserer Homepage zu kommentieren. Hierbei speichern wir Ihre IP-Adresse. Dies dient zu unserer Absicherung für den Fall, dass der Verfasser des Kommentars durch diesen Rechte Dritter verletzt oder widerrechtliche Inhalte veröffentlicht. Da wir unter Umständen für diese Rechtsverletzungen belangt werden können, haben wir ein Eigeninteresse an den gespeicherten Daten des Verfassers. Eine Weitergabe dieser Daten erfolgt nicht. Ein Datenabgleich mit anderen Daten, die möglicherweise an anderer Stelle auf unserer Homepage erhoben wurden, erfolgt ebenfalls nicht.

6. Einsatz von Facebook-Komponenten

Auf unserer Homepage setzen wir Komponenten des Anbieters Facebook.com ein. Facebook ist ein Service der Facebook Inc., 1601 S. California Ave, Palo Alto, CA 94304, USA.

→

Wenn Sie unsere Homepage aufrufen, wird veranlasst, dass der von Ihnen verwendete Browser eine entsprechende Darstellung der Komponente von Facebook herunterlädt. Dadurch wird Facebook darüber informiert, welche Seite unserer Homepage durch Sie gerade besucht wird.

Wenn Sie unsere Homepage aufrufen und zeitgleich bei Facebook eingeloggt sind, erkennt Facebook durch die gesammelten Informationen, welche konkrete Seite Sie besuchen und ordnet diese Informationen Ihrem persönlichen Account auf Facebook zu. Klicken Sie z. B. auf den „Gefällt mir"-Button, werden diese Informationen an Ihr Benutzerkonto auf Facebook übermittelt und dort gespeichert. Außerdem wird die Information, dass Sie unsere Homepage besucht haben, an Facebook weitergegeben.

Wenn Sie diese Datenspeicherung und -übermittlung von Daten über Sie und die Nutzung unserer Homepage durch Facebook unterbinden wollen, müssen Sie sich bei Facebook ausloggen, bevor Sie unsere Seite besuchen. Die Datenschutzhinweise von Facebook geben Ihnen hierzu weitere Informationen. Zudem können Sie externe Tools – sogenannte Add-ons – verwenden, mit denen Facebook-Plugins blockiert werden.

7. Auskunft, Widerruf & Löschung

Sie erhalten jederzeit ohne Angabe von Gründen kostenfrei Auskunft über Ihre bei uns gespeicherten Daten. Sie können jederzeit Ihre bei uns erhobenen Daten sperren, berichtigen oder löschen lassen und der Datenerhebung und -speicherung zu Optimierungszwecken unserer Website widersprechen. Auch können Sie jederzeit die uns erteilte Einwilligung zur Datenerhebung und Verwendung ohne Angabe von Gründen widerrufen. Wenden Sie sich hierzu bitte an die im Impressum angegebene Kontaktadresse. Wir stehen Ihnen jederzeit gern für weitergehende Fragen zur Verfügung.

8. Widerspruch Werbe-Mails

Die Nutzung der im Rahmen unserer Website veröffentlichten Kontaktdaten wie Postanschriften, Telefon- und Faxnummern sowie E-Mail-Adressen durch Dritte zur Übersendung von nicht ausdrücklich angeforderten Informationen ist nicht gestattet. Wir behalten uns rechtliche Schritte gegen die Versender von sogenannten Spam-Mails bei Verstößen gegen dieses Verbot ausdrücklich vor.

Meine Empfehlung: Vermeiden Sie Bußgelder und teure Abmahnungen

Fehlt auf Ihrer Homepage eine wirksame und vollständige Datenschutzerklärung, stellt das eine Ordnungswidrigkeit dar. Diese kann mit einer Geldbuße von bis zu 50.000 € bestraft werden.

Außerdem müssen Sie mit einer Abmahnung und den damit verbundenen Unterlassungs- und Schadenersatzansprüchen in Form von Rechtsanwaltsgebühren rechnen. Denn eine fehlende Datenschutzerklärung stellt einen Verstoß gegen das Wettbewerbsrecht dar.

Das hat das OLG Hamburg in seinem Urteil vom 27.06.2013 entschieden (Az. 3 U 26/12). Das kann schnell teuer werden.

4.2 Seien Sie achtsam bei der Veröffentlichung von Fotos

Eine Homepage ohne Fotos – das ist eine sehr nüchterne Angelegenheit, die den Leser kaum animieren wird, sich mit den Inhalten der Seite zu beschäftigen. Aussagekräftige Bilder ziehen die Besucher in ihren Bann und machen Ihre Seite erst bunt und interessant. Bei der Verwendung von Fotos müssen Sie allerdings einiges beachten, um rechtliche Schwierigkeiten zu vermeiden.

4.2.1 Vermeiden Sie Konflikte bei der Veröffentlichung von Kinder-Fotos

Ihre Mitarbeiter machen im Kita-Alltag, bei Ausflügen und Kita-Festen eine Vielzahl von Fotos. Manche dieser Fotos sind ideal, um auf Ihrer Homepage für Ihre Kita und die Qualität Ihrer pädagogischen Arbeit zu werben.

PRAXISBEISPIEL

Die Kita-Leitung der Kita „Kleine Riesen“ hat auf dem diesjährigen Frühlingsfest eine Vielzahl von Fotos gemacht. Die schönsten sucht sie aus und veröffentlicht sie auf der Kita-Homepage. Wenige Tage später steht die Mutter von Laura, einem der Kinder, deren Bild auf der Homepage veröffentlicht wurde, im Büro der Kita-Leitung. Sie ist wütend und verlangt eine Erklärung, warum Fotos von ihrer Tochter ohne ihre Einwilligung im Internet veröffentlicht worden sind. Die Kita-Leitung ist sich keiner Schuld bewusst, schließlich sind auf dem Foto mehrere Kinder zu sehen. Sie war davon ausgegangen, dass Gruppenfotos ohne Einwilligung der abgebildeten Personen veröffentlicht werden dürfen.

Wenn Sie Fotos von Kindern auf der Homepage Ihrer Kita veröffentlichen möchten, müssen Sie das Recht der Kinder am eigenen Bild beachten. Dieses ist geregelt in §§ 22, 23 KunstUrhG.

Verletzten Sie dieses Recht und veröffentlichen Sie ein Foto eines Kindes unrechtmäßig auf Ihrer Homepage, kann dieses, vertreten durch seine Eltern verlangen, dass

- Sie das Foto umgehend von der Homepage nehmen;
- sich verpflichten, weitere Veröffentlichungen zukünftig zu unterlassen;
- Schadenersatz leisten (insbesondere Rechtsanwaltskosten für die Durchsetzung des Anspruchs auf Beseitigung und Unterlassung).

Holen Sie die Einwilligung der Erziehungsberechtigten ein

Aus dem Recht am eigenen Bild ergibt sich, dass Sie Kinder-Fotos nur dann auf der Kita-Homepage veröffentlichen dürfen, wenn die Erziehungsberechtigten dem vorher ausdrücklich zugestimmt haben.

Zu Beweiszwecken sollten Sie sich diese Zustimmungserklärung schriftlich geben lassen. Die Einwilligung sollte sich bei Veröffentlichungen im Internet auf ein ganz konkretes Foto beziehen. Für eine solche Einwilligungserklärung können Sie das Muster auf Seite 68 verwenden.

Alle Beteiligten sollten sich darüber im Klaren sein, dass mit der Veröffentlichung von Kinder-Fotos im Internet weder die Eltern noch Sie als Betreiber verhindern können, dass diese von unbefugten Dritten von der Homepage kopiert und vollkommen zweckentfremdet oder sogar zu kriminellen Zwecken genutzt werden. Auch können einmal veröffentlichte Fotos nur sehr eingeschränkt wieder aus dem Internet entfernt werden, da sie zwischenzeitlich bereits vervielfältigt sein können.

Daher sollten Sie den Erziehungsberechtigten immer das konkrete Foto, das Sie veröffentlichen wollen, zeigen, ausdrucken und zum Gegenstand der Einwilligungserklärung machen. Dies gilt auch für Gruppenfotos. Dann können Sie sicher sein, dass die Zustimmung der Eltern wirksam ist. Auf allgemeine Einwilligungserklärungen zur Veröffentlichung von Fotos im Internet sollten Sie lieber verzichten.

EU-DATENSCHUTZGRUNDVERORDNUNG

§

Das ist neu

Die EU-DSGVO sieht vor, dass Jugendliche erst mit Vollendung des 16. Lebensjahres selbst wirksam entscheiden können, ob sie ihre Einwilligung zur Datenverarbeitung geben. Diese Altersgrenze gilt auch für die Veröffentlichung von Fotos im Internet, z. B. auf der Kita-Homepage.

Da die von Ihnen betreuten Kinder in aller Regel jünger sind, müssen Sie die Einwilligung der Erziehungsberechtigten zur Veröffentlichung von Fotos auf der Homepage Ihrer Einrichtung einholen. Bei älteren Kindern, z. B. bei Hort-Kindern, ist es natürlich sinnvoll, parallel auch die Zustimmung des betroffenen Kindes zu erfragen.

WICHTIGER HINWEIS

Die Entscheidung, ob Fotos von Kindern auf der Homepage Ihrer Kita veröffentlicht werden dürfen, ist von erheblicher Tragweite für das Kind. Denn es kann sein, dass es noch nach Jahrzehnten mit den niedlichen Fotos aus der Kita-Zeit konfrontiert wird und das vielleicht gar nicht lustig findet. Daher muss die Einwilligungserklärung von beiden Eltern unterschrieben werden. Das gilt auch – und gerade – wenn Eltern getrennt leben, aber das gemeinsame Sorgerecht haben.

Seien Sie vorsichtig bei Gruppenfotos

Hartnäckig hält sich das Gerücht, dass Gruppenfotos auch ohne Einwilligung des Betroffenen bzw. dessen gesetzlichen Vertreters auf Homepages veröffentlicht werden dürfen.

Das stimmt so aber nicht. Nach § 23 Abs. 1 Nr. 3 KunstUrhG dürfen Fotos von öffentlichen Veranstaltungen, Umzügen oder ähnlichen Anlässen ohne Einwilligung des Abgebildeten veröffentlicht werden. Das heißt aber nicht, dass Sie pauschal alle Fotos, auf denen mehrere Personen zu sehen sind, einfach auf Ihrer Homepage veröffentlichen dürfen.

Denn die Frage, ob es sich tatsächlich um ein „genehmigungsfreie Gruppenaufnahme" handelt oder nicht, ist gar nicht so einfach zu beantworten. Lassen Sie sich lieber nicht auf Experimente ein und holen Sie für alle Fotos das Okay der Erziehungsberechtigten der abgebildeten Kinder ein.

Nehmen Sie Fotos von ehemaligen Kita-Kindern zeitnah von der Homepage

Die Wirksamkeit einer Einwilligungserklärung erlischt grundsätzlich nicht, wenn ein Kind, das auf dem Foto zu sehen ist, die Kita verlässt. Das sollten Sie auch in der Einwilligungserklärung vermerken.

Dennoch sollten Sie darauf achten, dass Fotos von Kindern, die die Kita verlassen haben, zeitnah von der Homepage genommen werden. Schon weil die Homepage sonst offensichtlich veraltet und schlecht gepflegt wirkt. Und das macht natürlich beim Leser einen denkbar unprofessionellen Eindruck.

Achtung! Bei der Veröffentlichung von Kinder-Fotos im Internet sollten Sie grundsätzlich nicht nur wegen des Datenschutzes, sondern auch aus Sicherheitsgründen immer auf die Nennung des Namens des Kindes verzichten. Denn es ist schon vorgekommen, dass Entführer sich ihre Opfer im Internet ausgesucht haben. Sie haben bei den Kindern besonders leichtes Spiel, wenn sie sie mit ihrem Namen ansprechen können.

Muster: Einwilligungserklärung zur Veröffentlichung von Kinder-Fotos auf der Kita-Homepage

Sehr geehrte Familie Hansen,

wir möchten auf der Homepage unserer Kita unter www.kleine-riesen.de das anliegende Foto Ihrer Tochter Laura veröffentlichen und möchten Sie hiermit um Ihre Zustimmung zur Veröffentlichung bitten.

Wir möchten darauf hinweisen, dass auf im Internet veröffentlichte Fotos weltweit zugegriffen werden kann. Sie können von jedermann heruntergeladen, gespeichert und in einem anderen Zusammenhang verwendet werden, ohne dass wir als Betreiber der Seite hierauf Einfluss haben. Einmal veröffentlichte Fotos lassen sich aus dem Internet faktisch nicht mehr entfernen.

Wenn Sie mit der Veröffentlichung des Fotos Ihrer Tochter einverstanden sind, geben Sie bitte die beiliegende Einwilligungserklärung von beiden Elternteilen unterschrieben an die Gruppenleitung Ihrer Tochter zurück.

Mit freundlichen Grüßen

Larissa Neumann

Kita-Leitung

✂

→

Wir sind damit einverstanden, dass die Kita „Kleine Riesen“ das anliegende Foto unserer Tochter Laura, geboren 01.02.2015, auf der Homepage der Kita „Kleine Riesen“ unter www.kleine-riesen.de veröffentlicht.

Uns ist bewusst, dass wir bzw. unser Kind für die Veröffentlichung des Fotos kein Entgelt erhalten. Weiter ist uns bekannt, dass der Betreiber der Homepage nicht verhindern kann, dass Dritte ohne sein Wissen den Inhalt der Homepage für eigene Zwecke nutzen, so z. B. durch das Herunterladen oder Kopieren des Fotos.

Der Betreiber der Homepage sichert zu, dass ohne Zustimmung der Unterzeichnenden die Rechte an den im Internet verwendeten Fotos unserer Tochter nicht an Dritter veräußert oder abgetreten werden.

Die Einwilligungserklärung erlischt nicht, wenn unser Kind die Kita verlässt. Diese Einwilligung kann von uns für die Zukunft schriftlich und ohne Angabe von Gründen widerrufen werden. Die Kita ist im Falle eines Widerrufs verpflichtet, das Foto unserer Tochter umgehend von der Homepage zu entfernen.

Neustadt, 18.05.2018	Frieda Hansen Heinrich Hansen
Ort, Datum	Unterschrift Eltern

4.2.2 Besonderheiten bei der Veröffentlichung von Mitarbeiter-Fotos auf der Kita-Homepage

Es bietet sich natürlich an, auf der Homepage Ihrer Kita auch Ihre Mitarbeiter vorzustellen. Wollen Sie Informationen über Ihre Kollegen veröffentlichen, müssen Sie allerdings einiges beachten, wenn Sie sich keinen Ärger einhandeln wollen.

PRAXISBEISPIEL

Die Leitung der Kita „Wolkenburg“ erhält eine E-Mail eines ehemaligen Kollegen. Dieser hat zum Beginn des Kita-Jahres 2017/2018 die Kita verlassen. Er bittet die Kita-Leitung, sein Portraitfoto und das Gruppenfoto des Teams, das auch ihn zeigt, von der Kita-Homepage zu entfernen.

Auch Ihre Mitarbeiter können sich bei der Veröffentlichung von Fotos auf der Homepage Ihrer Kita auf das Recht am eigenen Bild berufen. Auch für sie gilt der Schutz des § 22 KunstUrhG uneingeschränkt.

Achten Sie auf eine wirksame Einwilligungserklärung

Achten Sie darauf, dass Sie Fotos von Mitarbeitern nur dann auf der Homepage Ihrer Kita veröffentlichen, wenn Ihnen eine wirksame schriftliche Einwilligungserklärung vorliegt. Wie diese gestaltet sein sollte, können Sie dem Muster auf Seite 73 entnehmen.

Vorsicht bei Team-Fotos

Wenn ein Kollege die Kita verlässt, sollten Sie die Homepage möglichst schnell aktualisieren und Fotos, die die ausgeschiedenen Kollegen zeigen, zeitnah entfernen.

Das ist bei Portrait-Fotos kein Problem. Bei Fotos, die das gesamte Team zeigen, stellt sich die Frage, ob Sie dieses Foto austauschen müssen, wenn einer der abgebildeten Kollegen nicht mehr in Ihrer Kita arbeitet.

Das Bundesarbeitsgericht hat entschieden, dass Sie solche Fotos nicht sofort entfernen müssen. Denn eine wirksame Einwilligungserklärung erlischt – wenn sie richtig formuliert ist – nicht automatisch mit Ende des Arbeitsverhältnisses.

Allerdings kann der ausgeschiedene Mitarbeiter seine Einwilligungserklärung zur Veröffentlichung seines Fotos auf der Kita-Homepage jederzeit ohne Angabe von Gründen für die Zukunft widerrufen. Liegt ein solcher Widerruf vor, müssen Sie das Foto dann auch zeitnah entfernen.

Das heißt für Sie: Team-Fotos müssen Sie nicht immer austauschen, wenn ein Kollege die Kita verlässt. Widerruft ein ehemaliger Mitarbeiter allerdings seine Einwilligung zur Veröffentlichung seines Fotos auf der Kita-Homepage, sollten Sie das Foto zeitnah austauschen, um Rechtsstreitigkeiten zu vermeiden.

Meine Empfehlung: Verzichten Sie auf Team-Fotos

Überlegen Sie gut, ob Sie auf Ihrer Homepage tatsächlich ein Foto Ihres Kollegiums veröffentlichen. Denn die Fluktuation unter den Mitarbeitern ist an vielen Kitas derzeit recht hoch. Da kann es sehr schnell passieren, dass das Foto von der Wirklichkeit überholt wird. Leichter zu handhaben sind da Einzelportraits. Diese lassen sich leicht austauschen oder einfach löschen, wenn ein Kollege die Kita verlässt.

Seien Sie sensibel mit der Veröffentlichung von personenbezogenen Daten

Beachten Sie, wenn Sie Ihr Team auf der Homepage Ihrer Kita präsentieren, auch die datenschutzrechtlichen Vorgaben. Das heißt: Neben dem Foto dürfen Sie auch weitere Informationen zu Ihren Mitarbeitern, wie Name, Geburtsdatum, Sprachkenntnisse und Qualifikationen nur veröffentlichen, wenn der Betroffene dem im Vorfeld schriftlich zugestimmt hat.

Muster: Einwilligungserklärung zur Veröffentlichung von Fotos von Mitarbeitern auf der Homepage der Kita

Hiermit erkläre ich, Carl Lehmann, Neustraße 10, 12345 Neustadt, dass ich damit einverstanden bin, dass das anliegende Foto von mir unter Nennung meines Vor- und Zunamens auf der Internetseite der Kita „Wolkenburg" unter www.kita-wolkenburg.de veröffentlicht wird. Mir ist bekannt, dass ich für die Veröffentlichung kein Entgelt erhalte.

Diese Einwilligung gilt unbefristet. Ich kann meine Einwilligung zur Veröffentlichung allerdings jederzeit mit Wirkung für die Zukunft widerrufen.

Der Betreiber der oben genannten Homepage haftet nicht dafür, dass Dritte ohne sein Wissen den Inhalt der Seite für weitere Zwecke nutzen, insbesondere durch das Herunterladen und/oder Kopieren von Fotos.

Der Betreiber der Homepage sichert zu, dass ohne Zustimmung des Unterzeichnenden Rechte an den im Internet verwendeten Fotos nicht an Dritte veräußert oder abgetreten werden.

Neustadt, 05.07.2018	Carl Lehmann
Ort, Datum	Unterschrift Mitarbeiter

4.2.3 Datenschutzrechtlich einwandfreie Kommunikation per E-Mail

Inzwischen läuft ein Großteil unserer schriftlichen Kommunikation über E-Mail. Das gilt auch für die Kommunikation mit den Eltern, dem Träger und dem Jugendamt. Hiergegen ist im Prinzip auch nichts einzuwenden, wenn die datenschutzrechtlichen Rahmenbedingungen stimmen.

Elternbriefe per E-Mail verschicken

Wahrscheinlich kennen auch Sie die Situation: Sie formulieren mit viel Mühe einen Elternbrief, drucken diesen zigmal aus und verteilen diese Kopien in die Postfächer der Eltern. Und nach wenigen Tagen flattern Ihnen diese Briefe total zerknittert und mit Fettflecken von Pausenbroten verziert aus den Kita-Taschen entgegen. Wenn es richtig toll läuft, beschweren sich die Eltern dann noch, dass sie über wichtige Termine in der

Kita nicht informiert werden. Grund genug, sich Gedanken zu machen, ob es Alternativen zu Elterninformationen in Papier gibt.

PRAXISBEISPIEL

Jana Hausen leitet die Kita „Löwenstein". Sie musste in der letzten Zeit vermehrt feststellen, dass sie mit den Elternbriefen viele Eltern nicht erreicht. Sie überlegt, ob es eine Alternative ist, die Elternbriefe per E-Mail zu verschicken.

Als Kita sind Sie auf eine vertrauensvolle Zusammenarbeit und funktionierende Kommunikation mit den Eltern angewiesen. Hierzu gehört es auch, dass die Eltern über wichtige Termine und Aktivitäten informiert werden. Ein möglicher Weg, die Eltern zu informieren ist der „Elternbrief", also eine Weitergabe der Informationen an die Eltern in Textform.

Der Gesetzgeber schreibt keine bestimmte Form vor, die ein Elternbrief haben muss. Sie können letztlich frei wählen zwischen Elternbriefen in Papier, Aushängen in der Kita und Elternbriefen per E-Mail.

Beachten Sie den Datenschutz im Umgang mit den E-Mail-Adressen der Eltern

E-Mail-Adressen gehören nicht zu den Daten, die die Eltern Ihnen bei der Aufnahme des Kindes in die Kita zwingend mitteilen müssen. Sie können frei entscheiden, ob Sie Ihnen ihre E-Mail-Adresse für den Versand von Elternbriefen zur Verfügung stellen oder nicht. Entscheiden sich Eltern hiergegen, dürfen ihnen hierdurch keine Nachteile entstehen.

Wichtig ist, dass Sie die E-Mail-Adressen der Eltern nur dann für den Versand von Elternbriefen nutzen, wenn die Eltern dieser Nutzung ausdrücklich zugestimmt haben. E-Mail-Adressen, die Ihnen aus anderen Gründen bekannt sind, z. B. weil Eltern Sie per E-Mail kontaktiert haben, dürfen Sie für den Versand von Elternbriefen per E-Mail nicht nutzen.

Wie eine solche Einwilligungserklärung aussehen kann, sehen Sie in dem Muster auf der nächsten Seite.

Muster: Einwilligungserklärung zum Versand von Elternbriefen per E-Mail

Liebe Eltern,

die Information der Eltern und der Gedankenaustausch mit Ihnen sind uns sehr wichtig. Gerne möchten wir Ihnen zukünftig Elterninformationen per E-Mail zukommen lassen.

Dies hat für Sie und für uns die folgenden Vorteile:

- zeitnahe Information über aktuelle Ereignisse
- Möglichkeit der unmittelbaren Reaktion durch Sie
- wichtige Dokumente und Formulare haben Sie direkt auf Ihrem Computer
- Elternbriefe können von Ihnen papierfrei archiviert und Termine direkt in Ihren Outlook-Kalender übertragen werden
- Zeit- und Kostenersparnis für die Kita
- Umweltschutz durch weniger Papier und Druck

Wir möchten Sie daher bitten, uns Ihre E-Mail-Adresse mitzuteilen, damit wir Sie zukünftig per E-Mail informieren können. Sollten Sie hiermit nicht einverstanden sein, entstehen Ihnen oder Ihrem Kind keine Nachteile. Die Elterninformationen erhalten Sie dann nach wie vor in Papierform.

Wenn Sie mit der Aufnahme in unseren E-Mail-Verteiler einverstanden sind, geben Sie bitte den folgenden Abschnitt unterschrieben und gut lesbar ausgefüllt an die Gruppenleitung Ihres Kindes zurück.

Mit freundlichen Grüßen

Neustadt, 05.07.2018	Carl Lehman	Jana Hausen
Ort, Datum	Unterschrift Mitarbeiter	Kita-Leitung

———————✂———————————————————

Hiermit erklären wir uns damit einverstanden, dass die Kita „Löwenstein“ uns zukünftig sämtliche Elterninformationen der Kita per E-Mail zukommen lässt.

Wir verpflichten uns, die Kita umgehend zu informieren, wenn sich unsere E-Mail-Adresse ändern sollte.

Unsere E-Mail-Adresse lautet: lisa-neubarth@gmx.de

Neustadt, 17.06.2018	Lisa Neubarth Norbert Neubarth
Ort, Datum	Unterschrift Erziehungsberechtigte

Schützen Sie die E-Mail-Adressen der Eltern vor Missbrauch

Stellen Ihnen Eltern ihre E-Mail-Adresse zur Verfügung, müssen Sie dafür sorgen, dass diese nur für den vereinbarten Zweck genutzt wird und vor dem Missbrauch durch unbefugte Dritte geschützt ist.

Das heißt konkret: Hinterlegen Sie den Verteiler mit den E-Mail-Adressen der Eltern passwortgeschützt auf Ihrem Leitungs-PC. Stellen Sie den E-Mail-Versand so ein, dass die Eltern nur die E-Mail-Adresse Ihrer Kita und nicht die E-Mail-Adressen der anderen Eltern sehen. Hierzu klicken Sie in Ihrem E-Mail-Programm in der Empfängerzeile auf „bcc".

Außerdem sollten Sie Datei-Anhänge, die Sie gemeinsam mit einem Elternbrief per E-Mail versenden, immer als PDF verschicken. Sonst kann es schnell passieren, dass Eltern z. B. in offenen Word-Dateien eigenmächtig – teilweise überraschende – Änderungen vornehmen.

Meine Empfehlung: Grenzen Sie niemanden aus

Auch wenn der Versand von Elternbriefen per E-Mail wirklich praktisch ist, müssen Sie darauf achten, dass Sie keine Eltern ausgrenzen. Denn es gibt – auch wenn Sie es sich vielleicht kaum vorstellen können – doch einige, die keinen Zugang zum Internet haben und über keinen E-Mail-Account verfügen. Auch diese Eltern haben aber ein Recht darauf, über die Vorgänge, Ereignisse, Termine und Veranstaltungen in Ihrer Kita informiert zu werden. Diese Eltern dürfen Sie nicht aus dem Blick verlieren, mit der Konsequenz, dass Sie diese Eltern per Brief informieren müssen.

Kommunikation per E-Mail

Was bei der heute gängigen Kommunikation per E-Mail häufig übersehen wird, ist, dass der Versand oft ungeschützt erfolgt und der Inhalt damit – wie bei einer Postkarte – von unbefugten Dritten mitgelesen werden kann.

Nach der EU-Datenschutz-Grundverordnung sind Sie verpflichtet, E-Mails mit personenbezogenen Daten verschlüsselt zu versenden. Dies ergibt sich aus Art. 32 EU-DSGVO.

Es drohen hohe Geldbußen

Anders als beim bislang gültigen Bundesdatenschutzgesetz drohen Ihrem Träger, wenn im E-Mail-Verkehr gegen die Verschlüsselungspflicht verstoßen wird, nach Inkrafttreten der EU-DSGVO empfindliche Geldbußen von bis zu 20 Millionen €.

Weisen Sie Ihren Träger unbedingt hierauf hin und fordern Sie ihn auf, soweit es dies an Ihrer Kita noch nicht gibt, für ein Verschlüsselungssystem für Ihren gesamten E-Mail-Verkehr zu sorgen, das dem Stand der Technik entspricht. Hier gibt es inzwischen Lösungen, die auf eine zertifikatsbasierte Verschlüsselung setzen. Hiermit ist auch ein spontaner sicherer E-Mail-Austausch möglich, ohne dass erst „Schlüssel" ausgetauscht werden müssen.

Die Kosten für solche Lösungen sind überschaubar und die Installation nicht wirklich kompliziert. Nehmen Sie daher Kontakt zu Ihrem Träger auf und fordern Sie ihn – vor dem Hintergrund des Inkrafttretens der EU-DSGVO – auf, für eine rechtlich einwandfreie IT-Lösung für die Verschlüsselung Ihrer E-Mails zu sorgen.

5. Datenschutzrechtlich einwandfreier Umgang mit sozialen Netzwerken

Viele Ihrer Kollegen und auch viele Eltern sind in sozialen Netzwerken wie Facebook, Twitter oder Instagram aktiv. Hiergegen ist natürlich nichts einzuwenden. Wollen Sie mit Ihrer Kita auch diese Kommunikationswege wählen, müssen Sie allerdings besonders auf die Einhaltung der datenschutzrechtlichen Bestimmungen achten.

5.1 Beachten Sie beim Facebook-Auftritt Ihrer Kita die datenschutzrechtlichen Vorschriften

Beim Einrichten einer Fan-Seite für Ihre Kita bei Facebook ist einiges zu beachten, um datenschutzrechtlich auf der sicheren Seite zu bleiben. Wenn Sie für Ihre Kita ein Facebook-Profil anlegen, müssen Sie berücksichtigen, dass Sie damit die Allgemeinen Geschäftsbedingungen von Facebook akzeptieren. Hierbei sollten Sie die jüngsten Datenschutz-Skandale im Hinterkopf behalten und berücksichtigen, dass Datenschutz bei Facebook, Instagram und WhatsApp eher stiefmütterlich behandelt wird. Es ist daher schwierig, als Nutzer die datenschutzrechtlichen Bestimmungen einzuhalten. Im Wesentlichen gelten für Ihren Facebook-Auftritt die gleichen rechtlichen Vorgaben wie für Ihre Homepage.

Anhand der folgenden Checkliste können Sie überprüfen, ob Sie bei der Gestaltung Ihres Facebook-Profils aus rechtlicher Sicht an alles gedacht haben

Checkliste: Hierauf sollten Sie bei Einrichtung eines Facebook-Profils für Ihre Kita achten	
Fotos von Kindern werden nur mit vorheriger schriftlicher Genehmigung der Erziehungsberechtigten veröffentlicht.	
Fotos von Mitarbeitern werden nur mit vorheriger schriftlicher Einwilligung veröffentlicht.	
Das Facebook-Profil der Kita enthält ein Impressum.	
Personenbezogene Daten werden über Facebook nicht verbreitet oder weitergegeben.	
Auswertung: Wenn Sie diese Punkte alle abhaken konnten, können Sie sicher sein, dass Ihr Facebook-Profil datenschutzrechtlich einwandfrei erstellt wurde.	

Keine Weitergabe datenschutzrelevanter Daten auf Facebook

Auch wenn es vielleicht praktisch ist, personenbezogene Daten sollten Sie nicht auf Facebook veröffentlichen und nicht zulassen, dass Eltern solche Daten auf Ihrer Seite veröffentlichen.

Akzeptieren Sie z. B. keine Krankmeldungen von Kindern oder Mitarbeitern, die Ihnen über Ihren Facebook-Account zugesandt werden.

Das heißt: Auf Facebook sollten Sie ausschließlich allgemeine Informationen über Ihre Kita veröffentlichen. Alle Informationen, die dem Datenschutz unterliegen, sollten außen vor bleiben.

Dies gilt nicht nur für Facebook, sondern auch in anderen sozialen Netzwerken wie Twitter und Instagram.

5.2 Austausch zwischen Mitarbeitern und Eltern über soziale Netzwerke

Viele Ihrer Mitarbeiter und auch viele Eltern sind bei Facebook und anderen sozialen Netzwerken unterwegs. Da liegt der Gedanke natürlich nahe, sich auch über dieses Medium auszutauschen. Hierbei muss unterschieden werden, ob es sich um eine private oder um eine dienstliche Nutzung geht.

Private „Freundschaften" auf Facebook

Soweit Sie, Ihre Mitarbeiter und Eltern privat miteinander auf Facebook „befreundet" sind, ist das rechtlich weder zu beanstanden, noch kann dies von Trägerseite untersagt werden. Wichtig ist allerdings, dass die Kommunikation sich auf rein Privates beschränkt und Kita-Angelegenheiten außen vor bleiben.

Sensibilisieren Sie Ihre Mitarbeiter

Vielen Ihrer Mitarbeiter ist vielleicht nicht wirklich bewusst, dass sie mit privaten „Freundschaften" auf Facebook sehr viel von sich preisgeben, was manchmal von Eltern ausgenutzt wird.

Sensibilisieren Sie Ihre Kollegen, sich sehr genau zu überlegen, ob Sie überhaupt „Freundschaftsanfragen" von Eltern annehmen, und was sie auf Facebook veröffentlichen und was nicht.

Es kann durchaus Sinn machen, sich 2 Profile – ein wirkliches privates und ein „Kita-Eltern-Profil“ – anzulegen. Dieses kann öffentlich sein und das private Profil des Kollegen sollte dann den privaten Aktivitäten vorbehalten und nicht für jeden zugänglich sein.

Weisen Sie Ihre Kollegen auch darauf hin, dass sie sich als pädagogische Fachkraft in der direkten Kommunikation mit Eltern über Facebook immer „im Dienst“ befinden und nie wirklich privat sind.

Machen Sie in einer Team-Sitzung zum Thema „Datenschutz“ deutlich, dass Kita-Interna auf Facebook nichts zu suchen haben. Untersagen Sie Ihren Mitarbeitern gleichzeitig, mit ihrem privaten Smartphone Kinder in der Kita zu fotografieren und die Fotos auf Facebook zu veröffentlichen.

Sensibilisieren Sie auch – und insbesondere – Praktikanten und ehrenamtliche Helfer für dieses Thema. Diesen fehlt in diesem Punkt häufig jedes Unrechtsbewusstsein.

5.3 Rechtssicherer Umgang mit Eltern, die Fotos aus der Kita auf Facebook posten

Die meisten Eltern verfügen über Smartphones. Diese werden im Kita-Alltag und auch bei Festen gerne zum Fotografieren genutzt. Immer wieder kommt es vor, dass diese Fotos in sozialen Medien veröffentlicht werden.

PRAXISBEISPIEL

Die Mutter von Hannes beschwert sich bei der Leitung der Kita „Gänseblümchen“, dass ein Foto vom letzten Kita-Fest, auf dem unter anderem auch ihr Sohn zu sehen ist, bei Facebook veröffentlicht wurde. Die Kita-Leitung weist jede Verantwortung von sich, denn das Foto wurde offensichtlich nicht von der Kita, sondern von einer Mutter bei Facebook hochgeladen.

Auf öffentlichen Kita-Festen werden Sie es kaum unterbinden können, dass von Besuchern und Eltern fotografiert wird. Weisen Sie Ihre Besucher bei öffentlichen Veranstaltungen durch einen gut sichtbaren Aushang, z. B. an der Eingangstür, darauf hin, dass bei der Veranstaltung fotografiert wird. Hierbei können Sie auf das folgende Muster zurückgreifen. Wer dies nicht möchte, kann dann immer noch kehrtmachen und die Veranstaltung meiden.

Muster: Hinweis zum Fotografieren während einer Kita-Veranstaltung

Achtung!

Auf dieser Veranstaltung werden Fotos und Videos für Presse und private Zwecke erstellt und ggf. auch in der Zeitung, im Internet und in sozialen Netzwerken veröffentlicht.

Ihr Team der Kita „Gänseblümchen"

Informieren Sie über das Recht am eigenen Bild

Eltern haben vielfach überhaupt kein Unrechtsbewusstsein, wenn sie Fotos von fremden Personen auf Facebook und in anderen sozialen Netzwerken posten. Dies ist für viele so normal, dass ihnen überhaupt nicht in den Sinn kommt, dass die Betroffenen das gar nicht so entspannt sehen.

Schaffen Sie daher Problembewusstsein und weisen Sie Ihre Eltern darauf hin, dass man nur dann Fotos von Dritten in sozialen Netzwerken veröffentlichen darf, wenn der Abgebildete zugestimmt hat.

Machen Sie deutlich, dass eine unerlaubte Veröffentlichung von Fotos eine Verletzung des Rechts am eigenen Bild darstellt und sie mit erheblichen rechtlichen Konsequenzen rechnen müssen. Hierüber sollten Sie die Eltern am besten in einem Elternbrief hinweisen. Ein Muster hierfür finden Sie auf der nächsten Seite.

Verweisen Sie Betroffene an die Verantwortlichen

Beschweren sich Betroffene, dass Fotos ohne Erlaubnis in sozialen Netzwerken veröffentlicht wurden, können Sie sie an denjenigen verweisen, der das Foto veröffentlicht hat. Denn dieser und nicht Sie als Kita-Leitung ist für die Veröffentlichung verantwortlich. Wollen Betroffene sich also gegen die Verletzung des Rechts am eigenen Bild wehren, müssen sie sich an die verantwortliche Person wenden.

Meine Empfehlung: Sprechen Sie zur Not ein Fotografier-Verbot aus

Wenn alle Appelle an die Vernunft nicht fruchten und Sie immer wieder Ärger mit der Verbreitung von Fotos aus Ihrer Kita auf Facebook & Co. haben, können Sie das Fotografieren auf dem Kita-Gelände auch ganz verbieten. Bei einem solchen Verbot können Sie sich auf Ihr Hausrecht berufen.

Muster: Elternbrief zum Thema „Fotografieren in der Kita“

Liebe Eltern,

in der Vergangenheit ist es wiederholt vorgekommen, dass Fotos, die von Eltern in unserer Kita aufgenommen wurden, in sozialen Netzwerken verbreitet wurden. Dies hat zu erheblichem Unmut bei den Betroffenen geführt, die auf den Bildern zu sehen waren.

Vor diesem Hintergrund möchten wir Sie bitten, sich an die folgenden Regeln zu halten, wenn es um das Fotografieren in unserer Kita geht:

Ihr Kind wird im Alltag in unserer Kita ausreichend fotografiert. Die Fotos finden Sie im Portfolio Ihres Kindes. Verzichten Sie daher darauf, während der Betreuungszeit in der Kita Fotos mit Ihrem Smartphone zu machen.

Wenn Sie bei Kita-Festen fotografieren, beachten Sie bitte Folgendes:

Veröffentlichen Sie keine Fotos, auf denen außer Ihnen und Ihrem Kind noch weitere Personen zu sehen sind. Das heißt: Laden Sie solche Fotos nicht in sozialen Netzwerken hoch und verzichten Sie auch darauf, solche Fotos über Messenger-Dienste, wie WhatsApp, zu verbreiten.

Bitte bedenken Sie: Wenn Sie ohne Zustimmung des Abgebildeten bzw. dessen Erziehungsberechtigten Fotos in sozialen Netzwerken oder im Internet veröffentlichen, verletzten Sie deren Recht am eigenen Bild. Der Betroffene kann von Ihnen verlangen, dass Sie

- das Foto aus dem sozialen Netzwerk/Internet entfernen,
- sich verpflichten, weitere Veröffentlichung zukünftig zu unterlassen,
- ihm Schadenersatz leisten. Hierzu gehören insbesondere die Anwaltskosten, die durch die Geltendmachung der Ansprüche des Betroffenen entstehen. Hier kommen schnell vierstellige Beträge zusammen.

Wir möchten Sie daher – auch in Ihrem eigenen Interesse – bitten, sich zukünftig an die oben genannten Regeln zu halten.

Müssen wir feststellen, dass sich nicht an diese Regeln gehalten wird, werden wir – zur Wahrung des Kita-Friedens – das Fotografieren an der Kita auch bei Festen insgesamt verbieten.

Wir hoffen, dass dieser Schritt nicht notwendig sein wird.

Mit freundlichen Grüßen

Susanne Hausen

Kita-Leitung

5.4 WhatsApp und andere Messenger-Dienste im Kita-Alltag

Die Kommunikation vieler Eltern und auch die von vielen Mitarbeitern läuft inzwischen über WhatsApp. Der Gedanke liegt nahe, diesen Dienst zu nutzen, um die Kommunikation und den Austausch zwischen Kita und Eltern zu erleichtern. Datenschutzrechtlich ist dies allerdings nicht unbedenklich.

Wollen Sie in Ihrer Kita für die Kommunikation mit Eltern WhatsApp oder auch andere Messenger-Dienste, wie z. B. SnapChat nutzen, müssen Sie sich insbesondere Gedanken über den Datenschutz machen.

Das Problem bei WhatsApp ist, dass die Vertraulichkeit der Daten bei diesem Messenger-Dienst nicht gewährleistet ist. Zwar gibt der Anbieter vor, dass die Daten verschlüsselt übertragen werden. Das ist aber nicht wirklich garantiert.

Außerdem kann der Anbieter nachvollziehen, wer mit wem wann kommuniziert. Es ist nicht auszuschließen, dass US-Behörden auf diese Informationen zurückgreifen können. Die Einhaltung der EU-DSGVO ist bei diesen Diensten daher nicht gewährleistet.

Hinzu kommt, dass mit dem Einrichten von WhatsApp alle Kontakte, die im Adressbuch des Smartphones gespeichert sind, zu WhatsApp und damit an Facebook weitergeleitet werden, ohne dass sich der Nutzer hiergegen wehren kann. Die Daten können von Facebook dann zu Werbezwecken genutzt oder sonst kommerziell verwendet werden, wie die jüngsten Datenschutz-Skandale zeigen.

Facebook-Gruppen auf Gruppen- oder Kita-Ebene bringen es außerdem mit sich, dass man seine Mobilfunknummer gegenüber allen teilnehmenden Eltern preisgeben muss. Das ist auch nicht von allen Eltern gewollt.

Holen Sie die Einwilligung der Betroffenen ein

WhatsApp-Gruppen sind für die schnelle Weitergabe von Informationen sehr praktisch. Sie sollten daher überlegen, wie Sie die Vorteile einer solchen Gruppe für Ihre Kita nutzen können, ohne gegen datenschutzrechtliche Vorgaben zu verstoßen.

Wollen Sie bzw. Ihre Kollegen WhatsApp für die Kommunikation mit Eltern einsetzen, sollten folgende Punkte berücksichtigt werden:

- Die Nutzung ist freiwillig und für Eltern, die nicht an der Gruppe teilnehmen möchten, entstehen keine Nachteile. Die Informationen müssen an solche Eltern auf konventionellem Weg weitergegeben werden.
- Alle Eltern einer Gruppe bzw. der Kita dürfen an der WhatsApp-Gruppe teilnehmen. Niemand darf ausgeschlossen werden.
- Die Kita-Leitung bzw. ein Mitarbeiter ist der Administrator der Gruppe.
- Die Eltern haben der Aufnahme in eine Kita-WhatsApp-Gruppe schriftlich zugestimmt.
- Über WhatsApp werden keine personenbezogenen Daten ausgetauscht.
- Die WhatsApp-Nutzung beschränkt sich auf rein organisatorische Zwecke, z. B. auf die Weitergabe von Terminen, Einrichtung von Notgruppen oder die Bitte, Kinder wegen personeller Engpässe kurzfristig aus der Kita abzuholen.

PRAXISTIPP

Sie können von Ihren Mitarbeitern nicht verlangen, dass sie Eltern ihre private Handy-Nummer geben oder über diese per WhatsApp kommunizieren. WhatsApp-Gruppen mit Eltern sollten ausschließlich über das Kita-Smartphone laufen. So ist auch sichergestellt, dass die Eltern nicht auf die Idee kommen, Sie und Ihr Team nach Kita-Schluss zu kontaktieren.

6. Rechtssichere Übermittlung von Daten

Im Kita-Alltag stehen Sie in vielfältiger Weise mit Behörden, sozialen Einrichtungen und Einzelpersonen, die in Kontakt zu den bei Ihnen betreuten Kindern und deren Familien stehen, in Verbindung und arbeiten mit diesen häufig eng zusammen. In diesem Kontext stellt sich die Frage, ob und unter welchen Voraussetzungen die Weitergabe von personenbezogenen Daten an Personen außerhalb der Kita zulässig ist.

Hierbei gilt eine einfache Grundregel:

Bei der Weitergabe von personenbezogenen Daten ist alles verboten, was nicht ausdrücklich erlaubt ist.

Die Erlaubnis kann sich aus den folgenden Grundlagen ergeben:
- Einwilligung des Betroffenen: Der Betroffene bzw. seine Erziehungsberechtigten haben der Datenübermittlung im Vorfeld ausdrücklich zugestimmt.
- Vertragliche Regelung: Sie haben sich mit den Eltern, z. B. im Rahmen des Betreuungsvertrags, darauf geeinigt, dass bestimmte Informationen an Dritte weitergegeben werden dürfen.
- Gesetzliche Regelung: Es gibt eine gesetzliche Regelung, aus der sich ergibt, welche Daten in welchem Umfang an wen übermittelt werden dürfen bzw. müssen.

6.1 Datenaustausch mit öffentlichen Stellen

In den Kita-Gesetzen der einzelnen Bundesländer ist detailliert geregelt, in welchen Fällen eine Datenübermittlung von der Kita an andere öffentliche Stellen, z. B. an das Jugendamt, das für die Stellung der Kita-Plätze zuständig ist, erfolgen darf.

Eine Datenübermittlung ist aber immer nur dann zulässig, wenn diese zur Aufgabenerfüllung der Kita oder der anderen Behörde notwendig ist. Das gilt selbst dann, wenn es eine gesetzliche Grundlage für die Datenübermittlung gibt. Notwendig ist eine Datenübermittlung nur dann, wenn die anfragende Behörde die Informationen nicht direkt beim Betroffenen erheben kann.

6.1.1 Datenaustausch mit dem Kita-Träger

Der Datenaustausch mit Ihrem Träger ist in aller Regel unproblematisch, da dieser als Vertragspartner der Eltern ebenfalls Zugriff auf die personenbezogenen Daten der Kinder und deren Familien haben darf.

Bei der Datenweitergabe an Verwaltungsbehörden, wie z. B. das Gesundheits- oder Jugendamt, müssen Sie sich auf die Weitergabe der Daten beschränkt, die Sie auf Grundlage des Kita-Gesetzes Ihres Bundeslandes oder aufgrund eines anderen Gesetzes an diese weitergeben dürfen bzw. müssen.

6.1.2 Datenübermittlung an das Gesundheitsamt

Treten in Ihrer Kita ansteckende Krankheiten auf, sind Sie verpflichtet – wenn die Voraussetzungen des § 34 IfSG erfüllt sind – die Krankheitsfälle namentlich dem Gesundheitsamt zu übermitteln.

Darüber hinausgehende Informationen über den Gesundheitszustand von Kindern dürfen Sie nur dann an das Gesundheitsamt weitergeben, wenn die Eltern des betroffenen Kindes dem zustimmen. Denn gerade Informationen über Krankheiten oder Behinderungen sind besonders sensible personenbezogene Daten, mit denen Sie entsprechend vorsichtig umgehen müssen.

Nach § 34 Abs. 6 IfSG sind Sie als Kita-Leitung verpflichtet, das Auftreten von meldepflichtigen Krankheiten in der Kita oder im familiären Umfeld der bei Ihnen betreuten Kinder oder Mitarbeiter dem zuständigen Gesundheitsamt zu melden. Hierbei müssen Sie den bzw. die Erkrankten namentlich nennen.

Diese Meldepflicht besteht auch, wenn in Ihrer Kita zwei oder mehr gleichartige Krankheiten auftreten, die auf einen Krankheitserreger zurückzuführen sind. Das ist z. B. anzunehmen, wenn zwei oder mehr Kinder an einer bakteriellen Bindehautentzündung, einer Virus-Grippe oder der Hand-Mund-Fuß-Krankheit erkrankt sind.

Kommen Sie Ihrer Meldepflicht nicht nach, droht Ihnen nach § 73 IfSG ein Bußgeld in Höhe von 2.500 € bis zu 25.000 €.

Die Meldepflicht besteht auch, wenn Sie unter Ihren Kindern oder Kollegen sogenannte „Ausscheider" haben. Das sind Personen, die zwar nicht akut krank sind, aber bestimmte Erreger ausscheiden und so andere anstecken können.

Welche Krankheiten meldepflichtig sind, können Sie dem Muster auf der nächsten Seite entnehmen. Dieses können Sie nutzen, um eine korrekte Krankheitsmeldung an das Gesundheitsamt zu machen.

Eltern und auch Ihre Mitarbeiter haben die gesetzliche Pflicht, Sie umgehend zu informieren, wenn eine solche Erkrankung festgestellt wurde oder der Verdacht einer solchen Infektionskrankheit besteht. Kommen Sie dieser Pflicht nicht nach, droht auch ihnen ein empfindliches Bußgeld bis zu einer Höhe von 25.000 €.

Muster: Meldung nach § 34 Abs. 6 IfSG

An das
Gesundheitsamt Neustadt
per Telefax

Meldedatum: 16.04.2018

Kita „Löwenburg"
Name der Kita

Susanne Berger
Kita-Leitung

Clara Neumann
Name des Kindes

geb. 15.02.2014
Geburtsdatum

Wiesengrund 2, Neustadt
Adresse

x Kind O Mitarbeiter

Erkrankung	**Dauerausscheider**	**Erkrankung im häuslichen Umfeld**
O Cholera	O Vibrio cholerae Typen O 1 und O 139	O Cholera
O Diphtherie	O Corynebacterium diphtheriae, toxinbildend	O Diphtherie
O EHEC-Enteritis	O Enterohämorrhagische Escherichia coli	O EHEC-Enteritis
O Virales hämorrhagisches Fieber	O Salmonella parathyphi	O Virales hämorrhagisches Fieber
O Haemophilus-B-Meningitis	O Shigella species	O Haemophilus-B-Meningitis
O Borkenflechte	O Salmonella typhi	O Lungentuberkulose
O Keuchhusten		O Masern
O Lungentuberkulose		O Mumps
O Masern		O Meningokokken-Meningitis
O Meningokokken-Meningitis		O Paratyphus
O Mumps		O Pest
O Paratyphus		O Kinderlähmung
O Pest		O Ruhr
O Kinderlähmung		O Typhus

O Krätze		O Virushepatitis A und E
O Scharlach		
O Ruhr		
O Typhus		
O Virushepatitis A und E		
X Windpocken		
Läuse		
Behandelnder Arzt: Dr. Schlagenhaufer, Bergstraße 4, Neustadt Susanne Berger Unterschrift der meldenden Person		

Meldung von „Impfmuffeln" ans Gesundheitsamt

Bei Aufnahme eines Kindes sind Sie verpflichtet, zu prüfen, ob die Eltern durch einen niedergelassenen Arzt über den von der Ständigen Impfkommission empfohlenen altersgerechten Impfschutz beraten wurden. Eine Impfpflicht ergibt sich hieraus nicht.

Die Eltern können Ihnen die erfolgte Information durch
- die Vorlage des Vorsorge-Untersuchungsheftes des Kindes oder
- eine ärztliche Bescheinigung

nachweisen.

Können die Eltern Ihnen einen solchen Nachweis nicht vorlegen, sind Sie nach § 34 Abs. 10a IfSG verpflichtet, das Gesundheitsamt zu informieren. Dieses wird die Eltern dann schriftlich einladen, beim Gesundheitsamt an einem entsprechenden Beratungsgespräch teilzunehmen.

Meine Empfehlung: Informieren Sie die Eltern

Eine Meldung beim Gesundheitsamt ist natürlich ein schlechter Start in die Erziehungspartnerschaft. Informieren Sie die Eltern daher über Ihre Verpflichtung, das Gesundheitsamt einzuschalten, wenn Ihnen kein Nachweis über die Impfberatung vorgelegt wird. Da zwischen Aufnahme und Betreuungsbeginn meist noch etwas Zeit ins Land geht, können Sie den Eltern auch die Gelegenheit geben, den Nachweis über die erfolgte Impfberatung nachzureichen. Wichtig ist aber, dass dieser Nachweis Ihnen bei

Betreuungsbeginn tatsächlich vorliegt. Fehlt dieser, dürfen Sie das Kind dennoch betreuen, müssen aber eine Meldung der „Impfmuffel-Eltern“ beim Gesundheitsamt machen.

Vorsorgeuntersuchungen in der Kita

Einige Bundesländer sehen vor, dass die Gesundheitsämter regelmäßig Vorsorgeuntersuchungen und auch Zahnvorsorgeuntersuchungen bei den Kindern in der Kita durchführen.

Datenschutzrechtlich handelt es sich hier um eine Datenerhebung. Aus den Vorschriften der jeweiligen Bundesländer hierzu, so z. B. aus § 25 Gesundheitsdatenschutzgesetz NRW, ergibt sich, dass Patientendaten nur erhoben und gespeichert werden, soweit dies zur Durchführung der Untersuchung erforderlich ist oder die Erziehungsberechtigten oder andere Personensorgeberechtigte eingewilligt haben.

Das gilt nicht nur für Untersuchungen durch das Gesundheitsamt, sondern auch für Untersuchungsangebote privater Anbieter, z. B. im Zuge einer Ernährungsberatung.

Das heißt konkret: Stimmen die Eltern einer Untersuchung ihres Kindes in der Kita nicht zu, müssen Sie darauf achten, dass es tatsächlich nicht untersucht wird.

Häufig nehmen Ihre Mitarbeiter an den Untersuchungen teil. Damit erfahren sie zwangsläufig die vom Arzt oder Zahnarzt erhobenen Befunde. Wichtig ist, dass die Eltern auch hierzu ihre Einwilligung geben. Ein Muster für eine solche Einwilligungserklärung finden Sie hier.

Muster: Einwilligungserklärung der Eltern zur Teilnahme des Kindes an ärztlichen/zahnärztlichen Untersuchungen und Verarbeitung der Gesundheitsdaten von Kindern

Hiermit willigen wir ein/nicht ein, dass unser Kind in der Kita „Hasenwinkel"

☐ an der einmaligen ärztlichen Untersuchung am ____________________

☐ an der jährlichen ärztlichen Reihenuntersuchung

☐ an der jährlichen zahnärztlichen Reihenuntersuchung

teilnimmt.

Die genauen Untersuchungstermine werden rechtzeitig vor der jeweiligen Untersuchung bekanntgegeben.

Wir sind damit einverstanden, dass

☐ während der Untersuchung eine pädagogische Fachkraft der Kita anwesend ist

☐ die Kita den Namen und das Geburtsdatum unseres Kindes sowie unsere Anschrift an das zuständige Gesundheitsamt zum Zwecke der Durchführung der ärztlichen und zahnärztlichen Untersuchungen vor der jeweiligen Untersuchung übermittelt.

Diese Einwilligungserklärung können wir bis zur Vornahme der Untersuchungen unseres Kindes widerrufen. Hierdurch entstehen unserem Kind keine Nachteile.

Uns ist bekannt, dass ohne unsere Einwilligung unser Kind nicht untersucht wird.

Name des Kindes: ________________________________

Geburtsdatum des Kindes: ______________________

Anschrift des Kindes: ____

____________________ ____

Datum Unterschrift der Erziehungsberechtigten

6.1.3 Datenübermittlung an das Jugendamt

In Ihrem Kita-Alltag kommt es sicher leider immer wieder vor, dass Sie und Ihr Team den Verdacht haben, dass im häuslichen Umfeld eines Kindes einiges im Argen liegt, dass das Kind vernachlässigt, misshandelt oder sexuell missbraucht wird.

Der Wunsch, einem solchen Kind zu helfen, ist natürlich groß. Die Gefahr, dass bei solchen „Hilfsmaßnahmen" etwas schiefgeht, ist aber auch nicht zu vernachlässigen. Daher sollten Sie bei einem solchen Verdacht nicht in Aktionismus verfallen, sondern sehr genau überlegen, wie Sie rechtlich abgesichert vorgehen. Denn das rechtlich abgesicherte Vorgehen ist letztlich das, was dem Kind tatsächlich weiterhilft.

Dies sollten Sie immer bedenken, wenn es darum geht, das Jugendamt zu kontaktieren und Daten über Kinder in Ihrer Einrichtung weiterzugeben oder beim Jugendamt um Unterstützung in kritischen Situationen zu bitten. Bei der Weitergabe von personenbezogenen Daten im Kita-Alltag müssen Sie zwischen allgemeinen Sozialdaten und Sozialdaten, die einem besonderen Vertrauensschutz unterliegen, unterscheiden.

Allgemeine Sozialdaten, wie etwa Name, Geburtsdatum und Wohnanschrift von Kindern und Eltern, dürfen Sie z. B. an Polizei, Staatanwaltschaft oder andere Behörden nach den Vorschriften der §§ 68 bis 77 SGB X übermitteln. Voraussetzung ist, dass Ihnen ein konkretes Amtshilfeersuchen vorliegt. Nicht ausreichend ist ein informeller Anruf der entsprechenden Stelle, in dem Sie um Auskunft gebeten werden.

Darüber hinaus müssen bei der Übermittlung von Daten die Voraussetzungen des § 64 Abs. 2 SGB VIII erfüllt sein. Sie dürfen die Sozialdaten eines Kindes oder seiner Eltern nur dann weitergeben, wenn hierdurch der Erfolg einer Jugendhilfeleistung nicht gefährdet wird.

Beachten Sie unbedingt die Besonderheiten, die gelten, wenn Ihnen Informationen im Vertrauen auf Ihre Verschwiegenheitspflicht anvertraut wurden.

Denn in § 65 SGB VIII ist geregelt, dass Sie personenbezogene Daten, die Ihnen oder Ihrem Team im Vertrauen auf Ihre Verschwiegenheitspflicht anvertraut wurden, nur in ganz wenigen Ausnahmefällen weitergeben dürfen.

Verschwiegenheitspflicht von Kita-Mitarbeitern

In den meisten Kitas unterliegen die Mitarbeiterinnen nicht einer gesetzlichen Schweigepflicht, deren Verletzung strafrechtliche Konsequenzen hat (§ 203 Strafgesetzbuch (StGB)). Diese Strafvorschrift gilt nur für

- Erziehungs- und Jugendberater,
- staatlich anerkannte Diplom-Sozialarbeiter sowie
- staatlich anerkannte Diplom-Sozialpädagogen.

Sonstige pädagogische Fachkräfte sind aber aufgrund des in ihrer Kita geltenden Tarifvertrags (TVöD) oder ihres Arbeitsvertrags oder aufgrund einer Vertraulichkeitsverpflichtung verpflichtet, über alle Informationen und Daten, die sie im Zusammenhang mit ihrer Tätigkeit in der Kita erfahren haben, Stillschweigen zu bewahren, soweit die gesetzlichen Bestimmungen dies zulassen.

Um dies allen Mitarbeitern bewusst zu machen, sollten Sie Ihr Team hierüber ausführlich belehren und sich eine entsprechende Vertraulichkeitserklärung unterschreiben lassen. Ein Muster hierfür finden Sie auf Seite 46 dieser Broschüre.

Wenn ein Mitarbeiter gegen diese Vertraulichkeitsverpflichtung verstößt, sollte dies auch arbeitsrechtliche Konsequenzen haben. In der Regel ist hier eine Abmahnung die richtige Sanktion. Ein Muster hierfür finden Sie auf Seite 28 dieser Broschüre.

Kinder und Eltern dürfen darauf vertrauen, dass alles, was sie Ihnen und Ihrem Team anvertrauen, vertraulich behandelt und nicht an Dritte weitergegeben wird.

Mit solchen, Ihnen im Vertrauen auf Ihre Verschwiegenheitspflicht anvertrauten Daten müssen Sie bzw. Ihre Mitarbeiter nach § 65 SGB VIII besonders sensibel umgehen und dürfen diese nur unter den in dieser Vorschrift beschriebenen Vorgaben weitergeben.

Dies gilt nicht nur für die Weitergabe dieser Informationen außerhalb der Einrichtung, sondern auch für Besprechungen innerhalb des Teams und auch für Informationen, die Ihnen durch Kinder anvertraut wurden, auch wenn diese noch im Kindergartenalter sind.

Voraussetzungen für die Weitergabe von Daten, die dem besonderen V-ertrauensschutz unterliegen

Achten Sie auf eine rechtswirksame Einwilligung

Ideal ist es natürlich, wenn die von der Datenweitergabe betroffenen Personen einer Zusammenarbeit mit dem Jugendamt zustimmen.

In die Datenweitergabe können Kinder erst dann wirksam einwilligen, wenn sie die Tragweite einer solchen Entscheidung verstehen und abwägen können. Dies ist nach Art. 8 EU-DSGVO mit der Vollendung des 16. Lebensjahres der Fall. Insofern müssen im Kita-Alltag die Eltern als Sorgeberechtigte und gesetzliche Vertreter ihrer Kinder ihre Zustimmung zur Datenweitergabe geben, und zwar grundsätzlich beide. Dies gilt auch, wenn die Eltern getrennt leben oder geschieden sind, aber das gemeinsame

Sorgerecht haben. Aus Beweisgründen ist es sinnvoll, wenn Sie sich eine solche Erklärung schriftlich geben lassen.

Damit eine solche Einwilligungserklärung auch rechtlich wirksam ist, müssen die folgenden Kriterien erfüllt sein:

Der Einwilligende muss wissen,
- wen er
- warum bzw. mit welcher Zielsetzung
- wie lange

von seiner Verschwiegenheitspflicht entbunden hat und welche Daten an wen übermittelt werden sollen.

Außerdem sollten Sie darauf hinweisen, dass die Einwilligung zur Datenweitergabe freiwillig erfolgt und jederzeit ohne Angabe von Gründen widerrufen werden kann. Ein Muster, wie eine solche Einwilligungserklärung aussehen kann, finden Sie auf Seite 26 dieser Broschüre.

Besonders schwierig ist der Umgang mit Daten und Informationen, die dem besonderen Vertrauensschutz unterliegen, wenn der Verdacht einer Kindeswohlgefährdung im Raum steht.

Denn eine Übermittlung solch sensibler Daten von der Kita an Jugendamt, Polizei oder Staatsanwaltschaft berührt zwangsläufig das Vertrauensverhältnis zwischen Ihnen und dem Kind oder den Eltern.Insofern dürfen Sie bei einem begründeten Verdacht auf Missbrauch, Misshandlung oder Verwahrlosung Daten und Informationen nur unter den engen Voraussetzungen des § 8a SGB VIII weitergeben. Wie Sie und Ihre Mitarbeiter in solchen Fällen korrekt vorgehen, können Sie der Übersicht auf der nächsten Seite entnehmen.

Datenweitergabe an die insoweit erfahrene Fachkraft nur in anonymisierter Form

Nach § 8b SGB VIII haben Sie einen Anspruch darauf, dass Sie durch eine insoweit erfahrene Fachkraft in Fällen, in denen ein Verdacht auf eine Kindeswohlgefährdung besteht, beraten werden. Diese wird Ihnen vom für Ihre Kita zuständigen Jugendamt benannt. Ihren Verdachtsfall schildern Sie dieser Beratungskraft in anonymisierter Form, also ohne Nennung der Namen der Betroffenen.

Vorgehen bei einem begründeten Verdacht auf Kindeswohlgefährdung

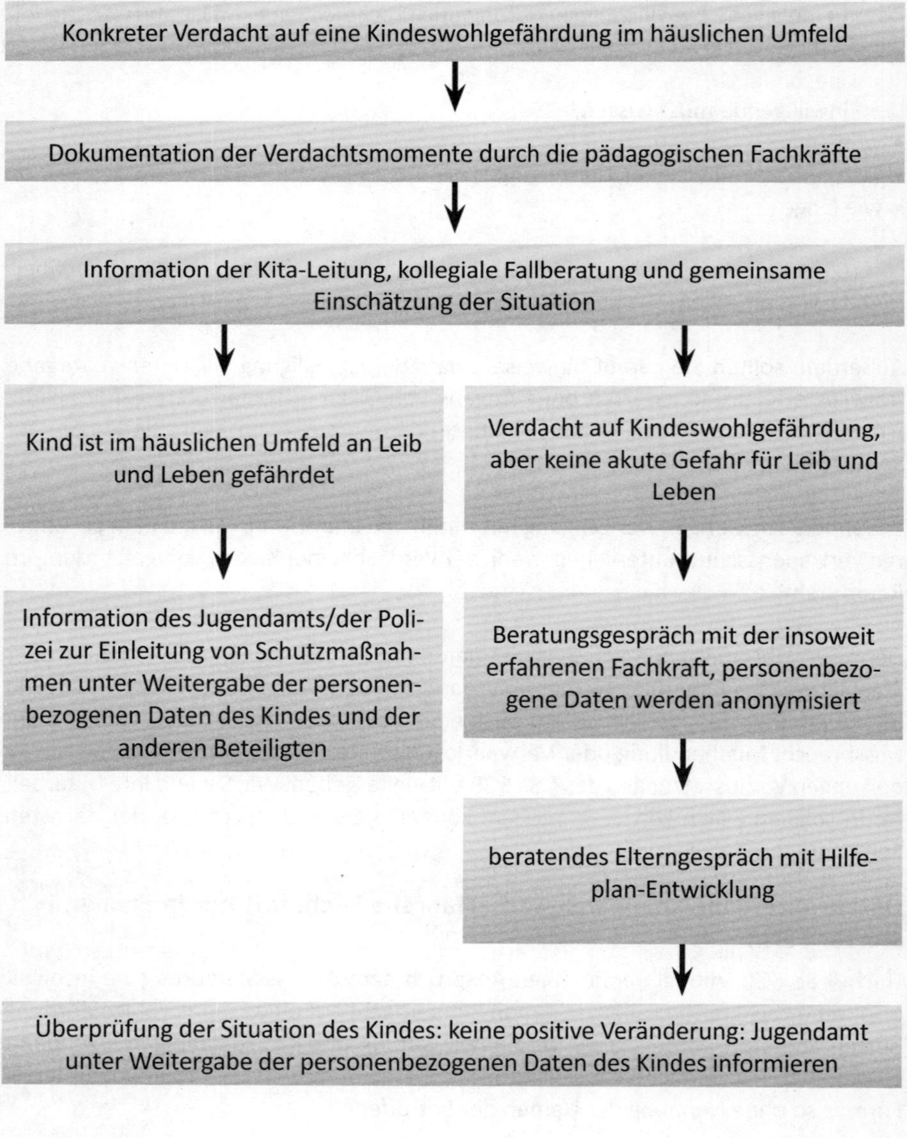

6.1.4 Datenaustausch mit Grundschulen

In den Schul- und Kita-Gesetzen aller Bundesländer, so z. B. in § 14 KiBiz NRW, ist geregelt, dass Grundschule und Kita zusammenarbeiten sollen, um den Kindern den Übergang zwischen Kindergarten und Schule zu erleichtern und den für Kinder sowie Eltern besonders sensiblen und aufregenden neuen Lebensabschnitt möglichst reibungslos zu gestalten.

PRAXISBEISPIEL

Felix ist in seiner Kita-Zeit vor allem durch sein unangepasstes Verhalten aufgefallen ist. Dies ist auch in den Aufzeichnungen der Kita und in den Bildungs- und Lerndokumentationen ausführlich dokumentiert. Im Sommer soll Felix in die Schule kommen. Daher hat die Kita-Leiterin diese Dokumentation der Schulleitung zur Verfügung gestellt. Als die Eltern dies erfahren, sind sie entsetzt. Sie hatten für ihren Sohn auf einen unbelasteten „Neustart" gehofft.

Um den Übergang zwischen Kita und Schule möglichst „sanft" zu gestalten, sollen Sie mit den Grundschulen vor Ort kooperieren, z. B. durch

- gemeinsame Projekte,
- wechselseitige Hospitationen,
- gemeinsame Konferenzen,
- gemeinsame Fortbildungen,
- Kennenlernbesuche der Kita-Kinder in der Grundschule.

Solche gemeinsamen Aktivitäten von pädagogischen Fachkräften und Lehrern sind von den gesetzlichen Vorgaben abgesegnet und datenschutzrechtlich vollkommen in Ordnung.

Kritisch wird es allerdings, wenn es um den Austausch von personenbezogenen Daten von Kindern und ihren Familien zwischen Kita und Grundschule geht. Manche Eltern scheuen vor einem solchen Informationsaustausch zurück, insbesondere in Fällen, wie im Beispiel geschildert. Die Sorge, dass ihr Kind durch von der Kita weitergegebene Informationen einen „Stempel" aufgedrückt bekommt, den es in seiner ganzen Schullaufbahn nicht mehr loswird, ist groß – und mitunter nicht ganz unberechtigt.

Die Vorschriften, die Sie zur Zusammenarbeit mit den Grundschulen verpflichten, stellen keine Ermächtigungsgrundlage für einen Datenaustausch zwischen Kita und Grundschule dar.

Sie sind daher grundsätzlich nicht berechtigt,

- der Schule die Unterlagen der Kita über die zukünftigen Schulkinder zur Verfügung zu stellen,
- Bildungs- und Lerndokumentationen an die Schule weiterzugeben,
- Gespräche mit den Klassenlehrern der zukünftigen ersten Klassen über einzelne Kinder zu führen,
- zuzulassen, dass Lehrer die zukünftigen Schulkinder in der Kita beobachten oder mit ihnen „spielen" und sich Notizen zu den einzelnen Kindern machen.

Etwas anderes gilt nur, wenn die Eltern hierzu ihr Einverständnis gegeben haben. Haben die Eltern dieses erteilt, sollten Sie es zur Akte des Kindes nehmen. Allein auf die Zusicherung der Schulleitung oder der Lehrer, die Eltern seien mit einem Datenaustausch einverstanden, sollten Sie sich nicht verlassen.

Es ist sinnvoll, die Eltern der Vorschulkinder zu Beginn des letzten Kita-Jahres zu einem gemeinsamen Elternabend einzuladen und sie aus der Sicht von Kita und Schule darüber zu informieren, was auf sie und ihr Kind im kommenden Jahr zukommt und welche Aktionen Sie gemeinsam mit der Schule planen.

Wenn Sie den Eltern erklären, warum ein Datenaustausch zwischen Kita und Schule für den Schulstart und auch noch im ersten Jahr so wichtig ist, werden Sie sicher viel Zustimmung erfahren. Mit einer guten pädagogischen Begründung können Sie die Eltern wahrscheinlich überzeugen, ihre Einwilligung zum Datenaustausch zwischen Kita und Schule zu geben.

Sprechen sich einzelne Eltern gegen den Datenaustausch zwischen Kita und Grundschule aus, müssen Sie – und die Schule – dies akzeptieren. Mit der Konsequenz: Ein Datenaustausch muss unterbleiben.

Muster: Einwilligungserklärung zum Datenaustausch zwischen Kita und Grundschule

☐ Ich bin/Wir sind damit einverstanden,

☐ Ich bin/Wir sind nicht damit einverstanden,

dass im Rahmen einer Zusammenarbeit zwischen Kita und Grundschule, Lehrern, pädagogischen Fachkräften, Kita- und Schulleitung sich im Hinblick auf die Einschulung meines/unseres Kindes Felix Sonnenberger beraten.

Dazu gehört auch, dass die Lehrer mein Kind/unser Kind in der Einrichtung beobachten, diese Beobachtungen dokumentieren und sich hierüber mit den pädagogischen Fachkräften, der Kita- und der Schulleitung austauschen.

Die pädagogischen Fachkräfte können auch Beobachtungen und deren Dokumentation über den Entwicklungsprozess und den Entwicklungsstand meines/unseres Kindes, die für die Einschulung von Bedeutung sind, an die Schule weitergeben.

Soll über die Lebenssituation meines/unseres Kindes in der Familie gesprochen werden, werde ich/werden wir in das Gespräch mit einbezogen.

Soweit die Einbeziehung anderer schulischer oder außerschulischer Dienste, z. B. Schularzt oder Frühförderstelle, im Hinblick auf die Einschulung meines/unseres Kindes notwendig wird, muss vorher mein/unser schriftliches Einverständnis eingeholt werden.

Diese Einwilligung verliert mit Ende des 1. Schuljahres meines Kindes ihre Wirksamkeit, ohne dass es eines gesonderten Widerrufs bedarf.

Diese Einwilligung erteile ich/erteilen wir freiwillig. Ich bin/Wir sind darüber informiert worden, dass ich/wir sie jederzeit ohne Angabe von Gründen für die Zukunft widerrufen kann/können, ohne dass mein/unser Kind hierdurch Nachteile hat.

Neustadt, 15.06.2018	Katharina Sonnenberger
Ort, Datum	Unterschrift der Erziehungsberechtigten

6.2 Datenaustausch mit privaten Stellen

Die Kontakte der Kitas sind nicht auf öffentliche Stellen beschränkt. Vielleicht arbeiten auch Sie mit Honorarkräften zusammen, kooperieren mit Kita-Fotografen und natürlich mit Ihrem Förderverein. Auch und gerade im Umgang mit diesen Privatpersonen ist ein besonders sensibler Umgang mit personenbezogenen Daten gefordert.

6.2.1 Datenschutz bei der Kooperation mit Honorarkräften

Viele Kitas, insbesondere Familienzentren, greifen zunehmend auch auf „externe" Kräfte zurück, um ihr Bildungsangebot auszuweiten.

Setzen Sie kitafremde Personen als Honorarkräfte, ehrenamtliche Mitarbeiter, FSJler oder BufDis in der Kita bzw. im Familienzentrum ein, besteht, da in diesen Konstellationen kein Arbeitsvertrag mit Ihrem Träger besteht, auch keine arbeitsvertragliche Pflicht zum vertraulichen Umgang mit personenbezogenen Daten. Als Kita-Leitung sollten Sie dafür sorgen, dass von diesen Personen gleichwohl die datenschutzrechtlichen Bestimmungen eingehalten werden.

Daher sollten sich alle Personen, die in Ihrer Kita tätig werden, in einer schriftlichen Erklärung verpflichten, die personenbezogene Daten, die sie im Rahmen der Tätigkeit für Ihre Kita erfahren, vertraulich behandeln und die datenschutzrechtlichen Bestimmungen einzuhalten. Hierbei können Sie auf das Muster auf Seite 46 zurückgreifen.

6.2.2 Datenschutz in der Eingewöhnungsphase und bei Hospitationen

Nach § 22a SGB VIII sind Sie verpflichtet, die Eltern über die Arbeit in Ihrer Einrichtung und über den Entwicklungsstand ihres Kindes zu informieren und sie an der Erziehungs- und Bildungsarbeit angemessen zu beteiligen. Hospitationen sind ein probates Mittel, um die Kommunikation zwischen Elternhaus und Kita zu verbessern.

Durch selbst erlebte Eindrücke kann oft mit den Eltern eine gemeinsame Gesprächsbasis in pädagogischen und erzieherischen Fragen gefunden werden.

Gleichzeitig müssen Sie sich bewusst sein, dass hospitierende Eltern nicht nur ihr eigenes Kind beobachten, sondern auch einen Eindruck vom Verhalten und Entwicklungsstand anderer Kinder bekommen. Damit werden ihnen auch personenbezogene Daten offenbart.

Achtung! Gleiches gilt, wenn sich Eltern in der Eingewöhnungsphase ihres Kindes längere Zeit in der Gruppe bzw. der Kita aufhalten. Auch in solchen Situationen bekommen sie zwangsläufig viel von anderen Kindern und ggf. auch von deren Familien mit.

Es ist Ihre Aufgabe als Kita-Leitung, dafür zu sorgen, dass im Rahmen einer Hospitation oder in der Eingewöhnungszeit die schutzwürdigen Interessen der anderen Kinder und Eltern gewahrt bleiben. Ganz klar muss sein:

Hospitierende Eltern oder Eltern in der Eingewöhnung dürfen
- keinen Zugriff auf Bildungsdokumentationen oder „Kinderakten“ haben,

- keinen Zugriff auf Personalakten haben,
- keinen Einblick in die Portfolios fremder Kinder nehmen,
- Informationen über Kinder, die sie während der Hospitation oder Eingewöhnung bekommen, nicht weitererzählen.

Sie sollten daher zum einen in Ihrem Kita-Vertrag vereinbaren, dass die Eltern sich grundsätzlich mit Hospitationen anderer Eltern einverstanden erklären. Bei der Formulierung dieser Vereinbarung können Sie auf das Muster auf dieser Seite zurückgreifen. Zum anderen sollten Sie Eltern eine Vertraulichkeitserklärung unterschreiben lassen. Ein Muster dazu finden Sie unten auf dieser Seite.

Muster: Vereinbarung von Hospitationen im Kita-Vertrag

Die Kita bietet den Eltern in regelmäßigen Abständen die Möglichkeit der Hospitation im Kita- Alltag an. Sinn der Hospitation ist das bessere Kennenlernen der pädagogischen Arbeit in der Einrichtung. Die Gruppenleitung entscheidet in Abstimmung mit der Kita-Leitung, ob sich eine Hospitation zum von den Eltern gewünschten Zeitpunkt in den Kita-Alltag einfügt, und schlägt ansonsten einen Alternativtermin vor. Die Eltern erklären sich hiermit mit Hospitationen einverstanden.

Muster: Verpflichtung von Eltern zum vertraulichen Umgang mit personenbezogenen Daten bei Hospitationen und in der Eingewöhnungszeit

Hiermit verpflichte ich mich, über alle mir im Rahmen meiner Hospitation/Eingewöhnung in der Kita „Rappelkiste" bekanntwerdenden Informationen und personenbezogenen Daten Stillschweigen zu bewahren. Dies gilt insbesondere für Informationen, die andere Kinder, deren Familien und Mitarbeiter betreffen. Diese Verpflichtung gilt, während mein Kind in der Kita betreut wird, und gilt auch fort, wenn mein Kind die Einrichtung verlässt.

Neustadt, 18.05.2018	Clara Neustein
Ort, Datum	Unterschrift Eltern

6.2.3 Datenaustausch mit Ärzten und Therapeuten

Gerade im Zuge der Inklusion haben Sie in Ihrer Kita zunehmend mit Kindern zu tun, die besonderen Förderbedarf haben. Diese Kinder sind häufig in ärztlicher und therapeutischer Behandlung. Um die bestmögliche Förderung der Kinder zu gewährleisten, macht es Sinn, wenn sich pädagogische Fachkräfte, Ärzte und Therapeuten untereinander austauschen.

PRAXISBEISPIEL

Sarah ist 3 Jahre alt und besucht die Kita „Regenbogen". Sarah zeigt eine ganze Reihe von Verhaltensauffälligkeiten, die auf eine leichtgradige Autismus-Spektrumsstörung schließen lassen. Deshalb befindet sie sich in therapeutischer Behandlung. Eines Morgens ruft die Therapeutin in der Sprechstunde der Kita-Leitung an. Sie möchte sich mit ihr über die Entwicklung von Sarah unterhalten. Sie meint, die Eltern hätten sie von ihrer Schweigepflicht entbunden.

Für die Weitergabe oder den Austausch von personenbezogenen Daten zwischen Kita und Therapeuten oder Ärzten gibt es keine gesetzliche Grundlage. Es handelt sich um einen Datenaustausch bzw. eine Datenweitergabe an oder mit privaten Stellen und um einen Austausch von besonders sensiblen Gesundheitsdaten. Diese genießen nach der EU-DSGVO besonderen Schutz.

Insofern darf ein solcher Austausch nur dann erfolgen, wenn die Eltern dem ausdrücklich zustimmen. Eine solche Zustimmung sollte aus Beweisgründen immer schriftlich erfolgen. Achten Sie darauf, dass eine solche Einwilligungserklärung bzw. die Entbindung von der Schweigepflicht sich in der Akte des Kindes befindet.

Achtung! Wenn ein Arzt oder Therapeut Ihnen mitteilt, dass die Eltern ihn von seiner Schweigepflicht entbunden haben, mag das richtig sein. Dann darf er Sie z. B. über einen ärztlichen Befund informieren.

Das heißt aber noch lange nicht, dass auch Sie Informationen, die Sie über das Kind oder seine Familie haben, an diese Person weitergeben dürfen. Dies ist nur zulässig, wenn die Eltern auch Ihnen gegenüber einem Datenaustausch bzw. einer -weitergabe ausdrücklich zugestimmt haben.

Wichtig ist außerdem, dass Sie sich bei Ihren Auskünften auf die Daten beschränken, die die Eltern „freigegeben" haben. Geben die Eltern z. B. an, dass Gespräche über die familiäre Situation nur in ihrer Gegenwart geführt werden sollen, so müssen Sie sich hieran halten und sich mit Einschätzungen in diesem Bereich sehr zurückhalten.

Wenn Sie sich Sorgen um ein Kind machen und es ruft Sie ein Arzt oder Therapeut an, der sich mit Ihnen über Ihr „Sorgenkind" unterhalten möchte, ist die Versuchung natürlich groß, hier sofort in ein ausführliches Gespräch einzusteigen.

Aber Vorsicht! Sie sind dafür verantwortlich, dass der Schutz der persönlichen Daten des Kindes und seiner Familie gewahrt bleibt. Insofern sollten Sie bei einem solchen Telefonat innehalten, die Aktes des Kindes einsehen und erst dann in das Gespräch „einsteigen", wenn Sie sicher sind, dass eine entsprechende Einverständniserklärung der Eltern in Ihren Akten liegt.

Ist dies nicht der Fall, sollten Sie das Telefonat beenden und die Angelegenheit zuerst mit den Eltern besprechen und ihr Einverständnis einholen. Sie werden sehen: Ein solches Vorgehen stärkt Ihr Vertrauensverhältnis zu den Eltern und dies kommt letztlich allen Beteiligten, insbesondere dem betroffenen Kind, zugute.

PRAXISTIPP

Außerdem sollten Sie sich vergewissern, dass es sich bei dem Anrufer tatsächlich um den Therapeuten oder Arzt handelt. Dies können Sie z. B. dadurch sicherstellen, dass Sie den Anrufer zurückrufen und sich die Telefonnummer im Internet heraussuchen.

Muster: Schweigepflichtentbindungserklärung der Kita-Leitung und der Gruppenleitung zu einem Datenaustausch mit dem Arzt bzw. Therapeuten eines Kindes

Hiermit entbinden wir Frau Simone Heimbach, die Leitung der Kita „Regenbogen" und die Gruppenleitung unserer Tochter Sarah, Karla Salzbach, gegenüber dem Psychotherapeuten unserer Tochter, Frau Sanna Weigand, von ihrer Schweigepflicht.

Die o.g. Personen dürfen sich über das Verhalten und die Entwicklung unserer Tochter in der Kita und über den Inhalt der Beratungs- und Therapiegespräche uneingeschränkt austauschen. Diese Einwilligung erteilten wir freiwillig. Uns ist bekannt, dass wir diese Erklärung jederzeit ohne Angabe von Gründen widerrufen können.

Sommerstadt, den 05.03.2018	Luisa Kerstens Johannes Kerstens
Ort, Datum	Unterschrift der Erziehungsberechtigten

Meine Empfehlung: Verzichten Sie auf pauschale Schweigepflichtentbindungserklärungen

Manche Kita-Leitungen lassen sich bei der Aufnahme des Kindes eine allgemeine Schweigepflichtentbindungserklärung unterschreiben. Mit dieser gestatten die Eltern den Mitarbeitern der Kita pauschal, sich mit allen Therapeuten, der Frühförderstelle und Ärzten auszutauschen. Eine solche pauschale Einwilligungserklärung genügt den datenschutzrechtlichen Anforderungen nicht. Sprechen Sie daher, bevor Sie Kontakt mit einem Arzt, Therapeuten oder mit der Frühförderstelle aufnehmen, die Eltern an und bitten Sie sie, einem Datenaustausch schriftlich zuzustimmen. Ein solches Vorgehen ist auch dem Vertrauensverhältnis zwischen Kita und Eltern eher zuträglich, als wenn Sie sich auf eine pauschale Einwilligungserklärung berufen, die die Eltern vielleicht vor Jahren unterschrieben haben und sich vielleicht gar nicht mehr daran erinnern.

Unter diesen Voraussetzungen dürfen Sie sich mit Ärzten oder Therapeuten eines Kindes austauschen

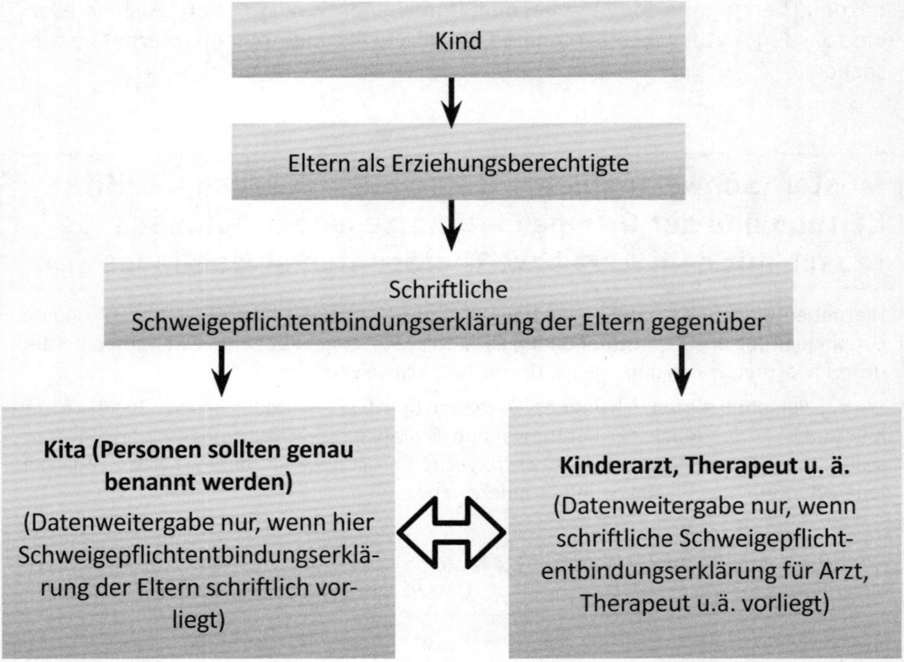

Schlussbemerkung

Sicher, Sie werden oft denken: „Ich habe wirklich besseres zu tun, als mich im ohnehin schon stressigen Kita-Alltag mit datenschutzrechtlichen Fragen zu beschäftigen."

Aber Sie sehen: An zahlreichen Stellen im ganz normalen Kita-Alltag stellen sich Ihnen diese Fragen – manchmal versteckt – und Sie müssen dann die richtige Entscheidung treffen.

Denn Sie sind verantwortlich dafür, dass in Ihrer Kita ein respekt- und vertrauensvoller Umgang miteinander gepflegt wird – und ob das so ist, zeigt sich nicht zuletzt darin, wie Sie und Ihre Mitarbeiter mit datenschutzrechtlichen Fragestellungen umgehen.

Ich bin sicher, Sie machen in den meisten Fällen schon instinktiv alles richtig. Denn bei datenschutzrechtlichen Fragen, hilft es oft, sich auf sein „Bauchgefühl" zu verlassen und sich zu überlegen, was Sie erwarten würden, wenn Sie persönlich betroffen wären.

Und Sie sollten immer eins bedenken: Letztlich gibt auch Ihr Umgang mit für die Familien wichtigen und privaten Informationen den Ausschlag dafür, ob Kinder und Eltern Ihnen vertrauen.

Für Ihre Notizen

Für Ihre Notizen

Für Ihre Notizen

Für Ihre Notizen